聚丙烯纤维半刚性基层抗裂性能研究

李清富　张　鹏　刘晨辉　著

黄河水利出版社

·郑州·

内 容 提 要

本书对半刚性基层沥青路面裂缝的形成机理及防治措施进行了详细的阐述，系统地研究了聚丙烯纤维水泥稳定碎石半刚性基层材料的基本力学性能、干燥收缩性能、温度收缩性能及断裂性能，详细分析了聚丙烯纤维对水泥稳定碎石半刚性基层的抗裂机理及影响规律。

本书可供从事公路工程的研究人员及工程技术人员参考，也可作为有关专业研究生的学习参考书。

图书在版编目(CIP)数据

聚丙烯纤维半刚性基层抗裂性能研究/李清富，张鹏，刘晨辉著. —郑州：黄河水利出版社，2010.6
ISBN 978-7-80734-847-4

Ⅰ.①聚… Ⅱ.①李… ②张… ③刘… Ⅲ.①半刚性基层–沥青路面–抗裂性–研究 Ⅳ.①U416.217

中国版本图书馆 CIP 数据核字(2010)第 119939 号

组稿编辑：王路平　电话：0371-66022212　E-mail：hhslwlp@126.com

出 版 社：黄河水利出版社

地址：河南省郑州市顺河路黄委会综合楼 14 层　　邮政编码：450003

发行单位：黄河水利出版社

发行部电话：0371–66026940、66020550、66028024、66022620(传真)

E-mail：hhslcbs@126.com

承印单位：河南省瑞光印务股份有限公司

开本：787 mm × 1 092 mm　1/16

印张：8.25

字数：200 千字　　印数：1—1 150

版次：2010 年 6 月第 1 版　　印次：2010 年 6 月第 1 次印刷

定价：26.00 元

前　言

由于半刚性基层材料具有强度高、水稳性和冰冻稳定性好、刚性较大等优点，因而在我国高等级公路中越来越多地采用了半刚性材料基层和底基层。然而，随着半刚性基层沥青路面的大量应用，在实际使用过程中出现了不少问题，尤其是裂缝问题日益突出，并成为该结构的主要缺陷。这些裂缝主要是由半刚性基层干燥收缩(简称干缩)和温度收缩(简称温缩)开裂而引起的反射裂缝和对应裂缝。半刚性基层材料在外界温度、湿度变化下产生干缩、温缩裂缝，这种具有裂缝的基层在干缩、温缩应力进一步作用下，裂缝顶端产生较大拉应力集中，这是造成基层裂缝沿面层底部向上反射直至贯通的主要原因。路面裂缝的产生不仅影响了路面的美观，而且严重影响了道路的使用性能。因此，为了延长高等级公路沥青路面使用寿命，避免或减少半刚性基层的开裂，防止面层反射裂缝的产生，就必须采取措施限制半刚性基层的开裂。

从 20 世纪 60 年代开始，国外的一些研究者开始将聚丙烯纤维作为混凝土增强用纤维，并进行了大量的试验研究和应用。结果表明，聚丙烯纤维可以有效阻止水泥基体中原有微裂缝的扩展并延缓新裂缝的出现，可以提高水泥基体的变形能力，从而大大改善混凝土的冲击及弯曲韧性等。我国关于合成纤维混凝土的研究和应用起步较晚，20 世纪 90 年代中期随着美国几家纤维生产厂家相继来我国开拓市场，国内许多科研院所才开始对聚丙烯纤维在水泥基材料中的应用进行系统研究。从目前国内的研究成果来看，主要集中于对聚丙烯纤维混凝土的物理、力学性能的研究，而聚丙烯纤维能否增强或改善公路半刚性基层材料的力学性能和路用性能，特别是抗裂性能，关于这方面的研究资料国内外报道较少。为了弥补当前研究的不足，本书在大量试验成果基础上，较为深入地研究了聚丙烯纤维半刚性基层材料的各种力学性能、收缩性能及抗裂性能，以期为该新型基层材料在我国公路工程中的推广应用提供参考。

本书共分八章，主要内容包括：推导了半刚性基层收缩应力的计算公式，对影响最大收缩应力的各因素及半刚性基层收缩裂缝产生的规律进行了分析，提出了相应的裂缝防治措施；通过聚丙烯纤维水泥稳定碎石击实试验，确定了每组配合比试件的最大干密度和最佳含水量；对聚丙烯纤维水泥稳定碎石抗压强度、劈裂抗拉强度、抗压回弹模量、抗弯拉强度、抗弯拉弹性模量、平均干缩系数和平均温缩系数等力学性能及收缩性能指标进行了测试，得出了试验龄期、纤维掺量、水泥掺量对各种性能参数的影响规律；采用三点弯曲法对聚丙烯纤维水泥稳定碎石试件的断裂韧度、断裂能、裂缝嘴张开位移和裂缝尖端张开位移进行了测试，得出了试验龄期、纤维掺量、水泥掺量对各断裂参数以及聚丙烯纤维水泥稳定碎石失稳断裂前切口前缘应变场分布的影响规律；采用灰色关联分析法对几种常用的抗裂性评价指标体系进行了对比分析，得出了干缩能抗裂系数和温缩能抗裂系数是评价半刚性基层抗裂性的最佳指标；运用纤维间距理论和乱向不连续纤维复合材料理论以及断裂力学的相关知识分析研究了聚丙烯纤维对水泥稳定碎石的增强抗裂机理等。

本书在编写过程中得到了河南省公路工程局集团有限公司、河南省交通科学技术研究院有限公司、河南省工程材料和水工结构重点实验室以及郑州西南绕城高速与机场高速互通立交项目经理部等单位的大力支持和帮助，许多同志参与了本书的试验工作。另外，本书编写过程中还引用了大量的文献资料。在此，谨向为本书的完成提供支持和帮助的单位、参考文献的原作者及所有试验人员表示衷心感谢！

由于作者水平有限，书中尚有不妥之处，敬请各界读者朋友批评指正。

作　者

2009 年 12 月于郑州

目　录

第 1 章　绪　论

1.1　研究的目的与意义

随着国民经济的迅猛发展，我国在近几十年开展了大规模的交通基础建设，给广大人民群众的日常生活和生产带来了极大的方便，产生了巨大的经济和社会效益。1988 年全国高速公路通车里程仅为 147 km，截至 2002 年底，我国高速公路通车里程已达到 2.52 万 km，跃居世界第二位，2008 年突破了 6 万 km(见图 1.1)。从 2005 年起到 2030 年，国家将斥资两万亿元，新建 5.1 万 km 高速公路，使我国高速公路里程达到 8.5 万 km。新中国成立以来，我国的公路建设经历了三个阶段，每个阶段无不是在公路里程增长、交通量和载重量日益增大的形势下对面层和基层提出了更高的要求。为适应交通快速发展的需要，路面结构也不断完善。在这三个阶段里，路面代表结构的发展经历了由适应轻交通的泥结碎石路面、级配砾石路面，到适应中型交通的渣油表面处治路面、沥青贯入路面、沥青碎石路面，直到目前适应重交通的半刚性基层沥青混凝土路面以及水泥混凝土路面等形式，基层的发展也经历了手摆片石基层、石灰土基层、级配碎砾石基层、水泥稳定砂砾基层、二灰碎石基层、水泥稳定碎石基层等形式[1, 2]。

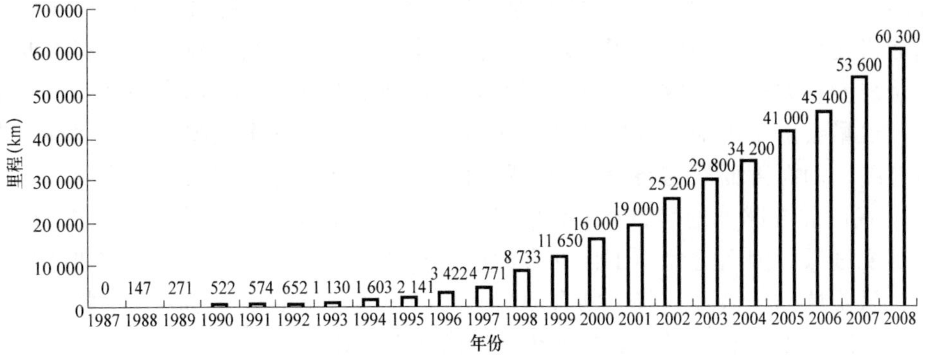

图 1.1　中国高速公路历年通车里程

20 世纪 80 年代中期以来，由于交通量大增，以及轴载和重车比例增大，对路面的整体强度和平整度提出了更高的要求，相应地，对基层的要求也提高到了一个更高的水平。由于原有的级配碎石基层暴露出很大的弊端，即容易导致新建或改建的高等级公路沥青路面发生一些严重的早期损坏现象，于是普遍采用无机结合料稳定粒料(土)类基层，即在路面材料中掺入一定比例的石灰、水泥、粉煤灰或其他工业废渣等结合料，加水拌和形成混合料，经摊铺压实及养生后形成路面基层。进入 20 世纪 90 年代以后，沥青混凝土为面层的半刚性基层路面被广泛地应用于国内二级以上公路(含高速公路)[3]。半刚性基层材料在国外一般都用水泥稳定，称为 CTB(Cement Treated Base)，最早应用于对软弱地基的处理，随后发展并应用于基层和底基层路面结构设计。与传统的全柔性路面基层(级配碎石、级配砾石、填隙碎石等)相比，石灰、水泥、粉煤灰等结合料都具有很高(或一定)的活性，与水及土、砂、石等筑路材料拌和后，产生一系列的理化反应，经摊铺压实及养生后形成的路面基层，具有较高的强度、刚度及良好的板体性、水稳性，并具有一定的抗冻性，大大提高了路面的承载能力。半刚性基层材料还具有一定的抗弯拉强度、抗压强度以及抗压回弹模量，它们都具有随龄期而不断增长的特性，因此半刚性沥青路面通常具有较小的弯沉和较强的荷载分布能力。我国大多数高速公路路面结构在使用期内不同时期的代表弯沉值均在 0.2 mm 以内，甚至在 0.1 mm 内[1]。已有试验证明[4]：半刚性基层沥青路面的承载能力完全可由半刚性基层予以满足，沥青面层可仅起功能层的作用，再加上半刚性基层较大的刚度使得其上沥青面层弯拉应力值较小(一般小于 0.17 MPa)，从而提高了沥青面层抵抗行车疲劳破坏的能力，这就使得设计者可以考虑去减薄面层[2]，降低工程造价。鉴于半刚性基层沥青路面强度、平整度及抗行车疲劳性能较好这一特点，再加上半刚性基层板体性好，利于机械化施工且工程造价低，因此它实际上已成为目前我国高等级公路路面结构的主要形式。半刚性基层厚度一般为 15~40 cm，对于厚度较大的基层工程多采取两层施工，分为上基层和下基层，下基层的下面是底基层，厚度一般为 15~25 cm。

目前，我国高等级公路路面设计中通常采用石灰粉煤灰类稳定粒料基层和水泥稳定粒料基层，具有代表性的是二灰碎石和水泥稳定碎石。而无机结合料稳定土通常只做高等级公路的底基层，其原因主要有以下几点[5]：

(1)无机结合料稳定土的干缩性和温缩性一般都较稳定粒料的干缩性和温缩性大得多，因而当无机结合料稳定土用做基层时，可能产生的收缩裂缝较稳定粒料类要严重得多。单位长度内裂缝的条数多，缝的宽度大，特别是在铺筑沥青面层前就已经产生的收缩裂缝，迟早会由于当地的气候条件和交通状况的影响，逐渐反映到沥青面层上来，成为反射裂缝，而沥青面层的裂缝对沥青路面的使用性能和寿命有很大的影响。

(2)在我国北方冰冻地区，由于我国目前使用的沥青大多数质量不甚理想，沥青含蜡量高，延度过低，因而避免不了使沥青面层本身产生收缩裂缝，在南方的非冰冻地区也是如此，只是情况稍微好一些。沥青面层一旦产生了收缩裂缝，当雨季来临时，会对面层下的基层产生很不利的影响。如果基层为稳定土，则雨水将渗入裂缝(包括反射裂缝和对应裂缝)内，使裂缝两端的稳定土浸水甚至饱和，也会使稳定土层下裂缝附近的土基局部变软。由于无机结合料稳定土的抗冲刷能力较差，在车辆荷载的反复作用下，稳定土浆通过裂缝被唧至沥青面层表面，产生唧浆现象。唧浆一旦产生，裂缝处的面层就逐渐下降，从而导致新的裂缝出现，沥青面层进一步破坏。

(3)在新铺沥青面层的情况下，降水总会通过不同的途径进入路面结构层。实践证明，自由水进入沥青路面结构层容易，而要蒸发出来则比较难，需要较长时间。进入的自由水容易使强度较低的无机结合料稳定土基层表层软化，一旦出现这种情况，就会在沥青面层下形成一软弱夹层，在行车荷载作用下沥青面层很快龟裂破坏，甚至产生推移。

半刚性基层沥青路面有着其他路面结构不可替代的优越性，然而，随着半刚性沥青路面的大量使用，逐步发现它也存在着一些严重的问题，这就是在半刚性基层，特别是水泥稳定类基层沥青路面的早期出现了比柔性基层沥青路面多而频繁的裂缝，这个问题在国外也比较普遍[6~10]。这是由于受温度和湿度的影响，这种半刚性基层的材料、结构特性容易形成原始的微裂缝和宏观裂缝，使得路面面层铺设完成通车使用后不久，基层中的裂缝就在温度场和荷载场的单独或共同作用下向路面反射形成反射裂缝，从而进一步导致或加速路面的破坏。我国地处世界欧亚大陆板块的东部，是季风气候最典型、最强烈的大陆，特别是在北方地区，裂缝十分普遍和严重。调查表明，无论是南方还是北方，通车后一年，最迟第二年均出现大量裂缝[1, 11]。

路面开裂的原因和裂缝的形式是多种多样的，影响裂缝轻重的主要因素有：沥青和沥青混合料的性质、基层材料的性质、气候条件、交通量和车辆类型以及施工因素等。但就沥青路面开裂的主要原因而论，可以分为两大类，即荷载型裂缝和非荷载型裂缝。由于采用的半刚性基层有足够的强度，荷载型裂缝不是主要的，而主要是非荷载型裂缝。非荷载型裂缝的大部分为横向裂缝，主要是沥青面层自身的温度收缩裂缝以及由半刚性基层温度收缩开裂或干燥收缩开裂所引起的反射裂缝和对应裂缝。在半刚性基层沥青路面上现场钻芯取样观测表明，裂缝中相当数量为半刚性基层先开裂而导致沥青面层开裂的反射裂缝(reflective-cracking)，这一比例常超过 50%[12]。

初期的裂缝对行车无明显影响，但影响路面美观，降低平整度。大量裂缝(反射裂缝或对应裂缝)的产生，不仅使车辆行驶质量下降，而且破坏了路面结构整体性和连续性，并在一定程度上导致了结构强度的削弱，例如，使裂缝处弯沉增大从而加速面层弯曲破坏。同时，试验还表明，裂缝处半刚性基层弹性模量明显降低，从而影响了路面结构的整体强度。裂缝的出现，也会对路面性能和耐久性产生不利的影响，这些不利影响包括[13~17]：

(1)会使路面系统防水性降低。裂缝为雨水进入路面结构提供了通道，水分通过裂缝浸入到路面基层、底基层，水进入路面基层后可能顺着基层裂缝继续下渗，甚至进入对湿度敏感的路基土中，软化土基，危及整个路基路面结构。

(2)易引起沥青面层较快地出现龟裂、网裂等。通过裂缝进入路面结构内部的水大部分由于缺乏适当的排水通道而滞留于面层与基层间，在大量行车荷载反复作用下产生极大的动水压力而冲刷基层造成唧浆，使裂缝加宽，裂缝两侧的沥青路面破碎。这一过程的反复作用，最终导致基层丧失支撑及与面层的联结，从而使沥青面层出现网裂等破坏，加速沥青路面的破坏，从而影响公路使用质量和寿命，对以水泥稳定碎石材料为基层的高等级公路建设造成了潜在的危险，在某种程度上也限制了水泥稳定类半刚性基层的应用。

(3)引起路基过大压应力。由于存在裂缝，造成路面板体不连续，在行车荷载作用下将增大板体边缘的变形，从而在裂缝处传递过大压力至路基顶面。

(4)路面结构板体边缘的变形会在路面结构内(尤其基层)产生很大的应力和变形，在行车荷载作用下将缩短这些结构层的寿命。

(5)在车辆、水分、霜冻等因素的综合作用下，磨耗层常会沿裂缝发生骨料或小块沥青的剥落。

基于以上原因，一些人开始怀疑我国普遍使用的半刚性沥青路面结构，认为以半刚性路面结构为主的高等级公路路面结构过于单一，应该研究使用柔性路面结构，认为柔性路面结构才能解决当前半刚性路面的问题，延长路面使用寿命，降低大修成本。同时，目前国内还有一种倾向，为了减少半刚性路面的反射裂缝或对应裂缝，半刚性基层的强度普遍有降低的趋势，这是十分危险的。众所周知，随着经济的发展，我国公路运输呈现车流量大和轴载重(大型货运车辆自重加运输货物有的每辆达 60 t 以上，汽车轮胎的气压已增大到 1.0 MPa 以上)的情况，我国公路上的超载运输现象十分普遍和严重，这是摆在我们面前的客观现实。对于这样大的交通荷载柔性路面结构能否承受，国内外均没有相关的研究成果可以证明，因此更无从谈起用柔性路面结构代替半刚性路面的优越。没有足够的基层强度就无法满足我国较大的交通荷载对承载力的使用要求，就会大大影响半刚性基层与沥青面层的层间黏结状态，就无法提高路面的耐久性和使用寿命。可见，选择半刚性沥青路面结构是一个技术上可行、经济上合理的技术方案，我国选择半刚性路面结构作为高等级公路的主要结构形式有其历史的必然性和现实的可行性。十多年来我国高等级半刚性沥青路面的使用经验证明，从承载能力角度看，这种路面结构是适合我国交通环境的。

综上所述，能否解决半刚性基层材料的裂缝问题是当前困扰我国高等级公路建设的一个重要问题，这将直接影响到高等级公路的使用寿命，关系到能否减少高等级公路的大修成本。对于我国半刚性沥青路面来说，造成路面裂缝较多的原因，主要是来自半刚性基层的反射裂缝和对应裂缝。延长沥青面层使用寿命的核心问题就是延长基层的使用寿命。半刚性基层材料在外界温度和湿度变化下产生干缩、温缩裂缝，这种具有裂缝的基层在干缩、温缩应力进一步作用下，裂缝顶端产生较大拉应力集中，这是造成基层裂缝沿面层底部向上反射直至贯通的主要原因[12, 18~22]。保证基层具有足够的强度是提高基层质量、延长基层使用寿命的关键措施之一，而无机结合料稳定粒料基层强度愈高，往往产生干缩和温缩开裂的可能性愈大。怎样在保证基层强度的前提下，避免或减少半刚性基层的开裂，防止面层反射裂缝和对应裂缝的产生就成为一个急需解决的重要课题，本课题的研究就是基于此开展的，即在水泥稳定碎石中掺加一定量的聚丙烯纤维，以此降低其回弹模量，减小其干燥收缩和温度收缩，增强基层的抗裂性能。因此，该项研究有着非常重要的现实意义，研究成果对于我国高等级路面的设计、施工和管理具有重要的理论价值和广阔的应用前景。

1.2 国内外研究现状

1.2.1 半刚性基层材料收缩性能

1.2.1.1 试验研究

国内外对半刚性基层温缩和干缩性能及规律进行了大量的研究工作，取得了一些成果。美国 K.P.George 等研究了水泥稳定土的干缩特性，并论述了影响水泥稳定土收缩应变的因素[23~26]，他们认为：水泥稳定土的收缩随着土中小于 0.002 mm 黏粒含量的增多而增大，而且干缩量增加的速度大于黏粒含量增加的速度，蒙脱土的干缩量明显大于高岭土的干缩量；水泥稳定土试件成型时含水量愈大，试件干缩应变愈大，因而在基层施工中要严格控制含水量；试件的密实度愈大，其干缩应变愈小，因而对于收缩率可以用改进压实的方法使其减小；水泥剂量存在着一个可以使收缩最小的最佳剂量。澳大利亚的 R. E. Rawlings 研究了水泥稳定粒料的干缩特性[27]，取 4%水泥用量，研究了不同添加剂对干缩应变的影响，通过大量试验得出水泥稳定粒料土的干缩应变与粒料土类型、粒料土的塑性、含水量以及水泥剂量有关的结论。美.姆.下迈斯.拉曼等人对石灰粉煤灰材料的热膨胀性做过研究，并认为硬化后的 LFA(石灰、粉煤灰、骨料)材料的热膨胀系数主要受这种材料中骨料含水量的影响，当含水量相近时，典型的热膨胀系数与水泥混凝土的大约相同，约为 $\alpha=6\times10^{-6}$/℃[28]。由于国外通常认为柔性基层沥青路面的温缩裂缝一般是沥青面层本身的温缩裂缝，而半刚性基层沥青路面的非荷载型裂缝通常是反射裂缝，且认为这种反射裂缝是由半刚性基层材料的干缩引起的，因此国外文献中很少能看到有关半刚性基层材料温度收缩特性的资料[4]。张洪华通过对水泥稳定细粒土、水泥稳定中粒土和水泥稳定粗粒土的温缩性的研究，得出了影响稳定粒料土温缩系数的决定因素，并且比较了四种半刚性基层材料温缩性的大小[29]。长安大学的张登良和郑南翔[30]在对半刚性基层材料收缩机理分析的基础上，对石灰稳定类、水泥稳定类及二灰稳定类等三种典型基层材料分别在饱水状态、最佳含水量状态、半风干状态、风干状态和烘干状态等五种不同状态下做了大量温度收缩与干燥收缩试验，得出了一些重要结论：水泥稳定材料基层中掺加集料，可以明显降低温缩性和干缩性；水泥稳定粒料类的温缩性和干缩性小于石灰粉煤灰稳定粒料的温缩性和干缩性，也小于石灰稳定粒料类的温缩性和干缩性；为了有效减小收缩，水泥最大剂量不宜超过 6%；对于烘干试件，温缩系数随龄期增大而不断增大，初期增大较快，后期增大较慢；在接近最佳含水量状态且在 0~10 ℃温度区内，温度收缩较大；封闭状态下各种半刚性材料的温缩系数明显小于自由状态下。重庆交通学院的杨锡武和梁富权[31，32]研究了养生条件对半刚性基层材料收缩特性的影响以及石灰粉煤灰碎石、水泥粉煤灰碎石和水泥碎石等几种半刚性基层材料的收缩应变与龄期之间的变化规律，并得出了一定环境条件下，其收缩应变与龄期的回归方程。此外，谭鹰、李彬等[33~37]都对半刚性基层材料的温缩和干缩性能进行了类似的试验研究。

1.2.1.2　收缩开裂机理

路面收缩开裂机理的理论研究，大多侧重于利用有限元法以及断裂力学理论对路面结构层的应力应变进行计算分析，得出应力或应变的解析解。吴赣昌[38~41]以热弹性力学理论为基础，采用偏微分方程组的边值理论和二维奇异积分方程理论，对半刚性路面中基层已产生贯穿厚度的裂缝时的温度应力场进行了研究，分析了温度场对路面体的影响，通过积分变换和广义解析函数边值理论获得温度场作用下含裂缝道路的解析解以及裂缝尖端应力强度因子的理论解，并以此对半刚性基层温缩裂缝的扩展机理进行了定量分析。河北工业大学的岳福青[42]根据西尔斯和不里恩公式计算了半刚性基层中的温缩应力和干缩应力，指出它们是导致基层首先开裂的主要原因，在此基础上运用断裂力学观点阐述了沥青路面反射裂缝的两种开裂模式：剪切型和拉裂型。Jiwon 等[43]采用改进的三维有限元法分析了在不同的荷载条件下，反射裂缝对罩面层的作用，并对为了抑制反射裂缝向上反射而在罩面层和面层之间加入的土工织物的效能进行了分析。彭妙娟等[44]针对基层中含有贯穿横向裂缝的道路层状模型，考虑车辆荷载和温度的作用进行了三维有限元断裂力学分析。梁乃兴等[45]采用三维有限元法和断裂力学理论判据分析了荷载和温度作用下，沥青路面结构的力学状态随水泥粉煤灰碎石基层性能变化的规律。D.V.Ramsamooj 等[46]采用权函数法，基于线弹性断裂力学理论，获得了机场和高速公路路面接缝处的应力解析解，并与有限元法解、现场实测结果进行了对比，结果吻合较好。郑健龙等[47]将基层中含有贯穿横向裂缝的道路结构简化为二维模型，以应力强度因子作为表征参量，探讨了车辆荷载(简化为静荷载)对称作用和非对称作用下基层和面层之间加入软弱层对防止裂缝向上扩展的效果，得出软弱层可以防止基层中裂缝向上扩展的结论。杨成忠和陈万祥[20]通过对半刚性基层沥青路面材料性能、反射裂缝形成机理分析，介绍了该路面结构的三种开裂模式，并给出有效的技术措施。刘善平、白琪峰等[48~53]采用有限元分析方法和其他理论方法对半刚性基层沥青路面的温缩裂缝以及温度应力状况也进行了相关的研究。

1.2.2 半刚性基层材料力学性能试验

由于强度和回弹模量是半刚性基层沥青路面结构设计的核心参数，其取值大小的合理与否，不仅决定公路的质量，而且直接关系到建设的经济可行性，因而目前国内外对半刚性基层力学性能试验研究的资料大多是针对抗压强度、劈裂抗拉强度以及回弹模量的。国外虽没有国内的研究资料多，但对半刚性基层也进行了一定的研究，并且取得了一定的成果。20 世纪 60 年代初期，H.B.Seed 等[54~58]对粒料基层的劲度特性做了大量卓有成效的研究工作，为路面设计方法提供了非常有用的资料。英国有关研究者提出通过维持良好的集料嵌锁，不增大沥青面层厚度，将裂缝宽度控制在一定范围内，使荷载传递能力达到最大的所谓开裂控制方法[59]。1964 年，A.Herzog、R.Bock 研究了影响二灰稳定土强度的一些因素；1988 年，B.R.A.Akofo 通过对二灰稳定土无侧限抗压强度的室内试验，得出最佳的石灰和粉煤灰含量。冲刷病害也是半刚性材料的一种常见病害，郝培文和胡长顺等[60]在室内利用冲刷试验仪研究了不同半刚性材料的抗冲刷特性，结果表明，对于稳定土类，水泥土的抗冲刷性最好，石灰土、二灰土相对较差；对于稳定粒料类，水泥粉煤灰要优于二灰类；滕旭秋和陈忠达等[61]对二灰碎石混合料的冲刷性能进行了试验研究，结果表明，集料的级配是影响二灰碎石混合料抗冲刷性能的主要因素；而长安大学的沙爱民和胡力群[62]在分析评价现有试验方法的基础上，提出了半刚性基层材料抗冲刷试验新的试验装置和试验方法。目前，在国内外的研究资料中，关于半刚性基层材料抗弯拉(抗折)强度和弹性模量试验的比较少，支喜兰和王亚玲等对用土工格栅加筋的水泥稳定碎石材料进行了中梁的抗弯拉和弯曲疲劳室内模型试验，分析了土工格栅位于半刚性基层材料底面时对材料受力、变形及疲劳寿命的影响[63, 64]；同济大学的研究结果表明，半刚性基层材料抗压模量和弯拉模量存在差异，动态模量远远大于静态模量，材料的抗压强度、劈裂强度和弯拉强度等指标随试验方法的不同而存在显著差别[65]。长沙交通学院的习应祥和朱梦良[66, 67]通过几种常用半刚性基层材料的抗压、劈裂、应力—应变全曲线等力学试验，并结合材料在实体路面工程中的应用，综合评价了这些材料的性能，还用应变能密度公式计算了这几种基层材料的应变能密度，为基层材料的选用提供了一种新的评价方法。半刚性基层在产生裂缝后，裂缝的发展以及产生裂缝后的应力和变形状况可以通过断裂试验来得到，然而目前这方面的研究特别欠缺[68]。文献[28]和文献[69]~[74]对二灰稳定碎石基层材料的抗压强度、抗拉强度以及抗冻性等进行了研究。

李雨晖和张北瑞等[75, 76]通过不同配合比试验，从抗压强度、压缩模量、劈裂强度及劈裂模量等方面，系统研究了水泥粉煤灰碎石基层的力学性能。在我国目前的高等级公路建设中，水泥稳定碎石所占的比重最大，文献[13]和文献[77]~[81]对水泥稳定碎石基层及水泥稳定砂砾的强度等力学性能进行了研究。杨红辉等人对水泥稳定碎石中掺加膨胀剂、纤维、减水剂及减缩剂等的材料的力学性能进行了研究[82~85]。

1.2.3　半刚性基层沥青路面防裂措施

国内外道路工程领域一直把沥青路面的抗裂性研究作为一项重要研究内容，几乎都是针对以下几个方面对防治裂缝提出措施的，即沥青面层、半刚性基层以及面层与基层之间的联结。

1.2.3.1　针对沥青面层

就沥青面层来说，可以通过两种途径来增强路面的抗裂性，一种途径是可以在路面结构设计时适当增加沥青面层的厚度，另一种途径是可以改善沥青面层的材料。采用较厚的沥青面层不仅可以增加路面的弯曲刚度，减小层内的弯曲应力和剪切应力，而且可以延长裂缝反射到面层的时间，如日本东名高速采用 25~30 cm，奥地利 Brenner 高速公路采用 40 cm，均取得了较好的效果，但经济代价高[13]。就我国目前的高速公路建设状况来看，高速公路的沥青面层一般分上、中、下三层，总厚度在 15~20 cm，很少采用增加沥青面层厚度的措施，有少部分高速公路的面层厚度虽超过了 20 cm，如京津唐高速公路面层总厚度为 23 cm，但从使用情况来看，与其他薄面层的高速公路相比，路面裂缝问题并没有明显改观。为了提高沥青路面结构的服务性能，减少其病害，美国沥青路面联合会(APA)在全厚式和加厚式沥青路面的基础上，提出了使用永久性路面的概念，国内也叫长寿命沥青路面[86~93]。全厚式路面是一种直接修筑在土基上的沥青路面结构；加厚式路面是在土基与路面间加入一个相对较薄的粒料基层。这类路面的主要优点是总厚度比有常规基层的沥青路面结构更薄，同时可以减少产生疲劳裂缝的可能性，并使路面可能发生的破坏限制在路面结构的上部，这样，当路表面的破坏达到某一临界水平时，只需更换表面层，而不需要改变路面标高。由于永久性路面工程造价高，且对从底层到表层的施工工艺要求比较严，因而目前在国内仍未被采用。

国内外对沥青面层抗裂性能的研究普遍都侧重于改善沥青面层材料，在改善沥青混合料抗裂性能上有三大研究方向：一是改善矿质混合料的级配来提高沥青混合料的高温抗变形能力，形成了不同的沥青混合料新技术，如沥青玛琋脂碎石 SMA、大粒径沥青混凝土 LSAM、多碎石沥青混凝土 SAC 等；二是通过改善沥青性能品质来提高其抵抗永久变形能力并减小温度敏感性，例如 SBS 改性沥青、SBR 改性沥青、PE 改性沥青等；三是在沥青混合料中加入纤维加筋材料以增强其抗裂性。自 20 世纪 60 年代，N.M.Davis、Tons 和 Egons、D. A.Tamburro、G.H.Zuehklke 等采用石棉纤维和金属丝等材料来改善沥青路面的抗反射裂缝性能以来，国内外对纤维增强沥青混合料进行了大量的研究。美国、加拿大、德国等采用纤维修筑了高速公路以及其他大交通量的公路，如形成专利商品的美国产品 Bonifiber、Fiberpave 等[94]。由于石棉纤维对环境有污染而被禁用，金属不耐腐蚀，因而聚合物纤维(如聚酯纤维、聚丙烯纤维、聚丙烯腈纤维和芳纶纤维)、木质素纤维和玻璃纤维等得到了广泛应用[95~103]。

1.2.3.2 针对半刚性基层

针对基层材料本身的抗裂措施，实际上就是采取措施减小半刚性材料的收缩性能，增强其抗拉性能，可以通过掺加添加剂或者是加筋材料来限制其收缩，也可以通过改善半刚性基层材料各组成成分的性能来增强基层的抗裂性能。在半刚性基层材料中掺入短纤维可有效地提高稳定土的抗裂性能，苏州科技学院的董苏波等[104]对玻璃纤维二灰稳定碎石的强度和刚度进行了试验，结果表明，玻璃纤维可提高二灰碎石半刚性基层的强度，降低其刚度，并且可有效改善二灰碎石基层的韧性。长沙交通学院的陈晔在试验的基础上探讨了聚丙烯短纤维增强二灰稳定土的性能[105]，而徐剑则通过在水泥稳定土中掺加格网碎片来增强基层的抗裂性能[106]。在日本，采用水泥和特殊沥青乳剂综合稳定的方法使水泥与沥青混合以防水分的蒸发，而沥青乳剂中的水分则供水泥硬化，使收缩系数随沥青剂量的增加而减小[107]。长安大学的戴经梁和蒋应军等[12, 13, 108]通过大量试验认为，改善半刚性材料的级配，采用骨架密实结构能显著减小半刚性基层的收缩量，增强基层的抗裂性。对于组成半刚性基层的材料来说，诸多的研究都表明：在满足设计强度的基础上应限制水泥用量，并且尽量选用低标号、水化热小、干缩性小的水泥，适当加入缓凝减水剂、缓凝阻裂剂、减缩剂等外加剂[84, 85, 109, 110]，为提高后期强度，减少收缩裂缝可用粉煤灰代替部分水泥剂量等。在我国高等级公路基层稳定材料中，二灰稳定粒料要比水泥稳定粒料抗收缩开裂能力强，而且能大量利用工业废料(粉煤灰)，经济性好，因而应用非常广泛。但是，由于二灰稳定粒料早期强度低，施工进度受到限制，且表面松散，不利于层间结合，逐渐被水泥稳定粒料基层所代替。

在基层施工中所采取的一个重要的防止裂缝产生的措施就是对基层采取“预裂”措施，在沥青面层铺筑之前，人为地制造规则的裂缝或不规则的裂纹网。德国 1986 年新规范规定，当沥青罩面层的厚度小于或等于 14 cm 时，不管基层厚度多大，只要基层抗压强度超过 12 MPa，基层必须预先切纵缝和横缝[111]。前苏联有关规范指出，为了减少裂缝的破坏作用，避免薄沥青面层下水泥稳定土基层产生不规则的裂缝反射到沥青面层上，建议基层每隔 8~12 m 做一假缝，缝深 6~8 cm，缝宽 10~12 mm；锯缝后立即用沥青玛琋脂填缝，并对沥青面层产生的规则且较整齐反射裂缝也采用沥青玛琋脂填缝。目前，在我国该工艺已得到广泛应用，许多实际应用的工程实例都表明此项工艺对防治半刚性基层的收缩裂缝确有成效。许多研究者针对不同半刚性材料基层设置预锯缝的计算以及具体工艺过程都进行了一定的研究探讨[12, 112~115]。国外很多学者认为微细裂缝的传荷能力好，会大大减轻甚至完全消除宽缝的出现，如前捷克斯洛伐克在水泥稳定材料硬结过程中，用反复碾压的方法人为地创造微细裂缝网；科威特在新铺的水泥土基层上用重型钢轮压路机碾压，故意使水泥土基层预先开裂[13]。基层的施工质量是决定基层是否开裂的关键，要保证基层有足够的压实度，严格控制基层的含水量，并且为降低温差适当安排基层施工的季节和时间。

1.2.3.3 针对面层与基层之间的联结

在半刚性基层和沥青面层之间加铺一层弹性模量低、韧性较好、能承受较大应变的应力吸收中间层，能使基层裂缝向上反射而产生的结构应力在该层的界面上被消散，吸收了半刚性基层的收缩应力或应变，从而达到减少面层开裂的目的。国内外用得较多的应力中间层有橡胶粉沥青、级配碎石、土工织物等。有资料表明，采用橡胶沥青、改性沥青应力吸收中间层防止反射裂缝，具有一定效果[116]。土工织物中间层的研究，国内始于 1985 年，目前仍在积累资料和经验。国外有多位研究者报道了以层铺土工织物作为增强料的水泥基产品[117~120]，但在道路工程上，则多用于具有大量裂缝的旧路面上加铺新沥青罩面时，其防裂效果有好有坏[117, 121]，土工织物中间层对于垂直差动位移和水平位移较大的情况，效果并不理想[3]。在美国、澳大利亚及南非沥青路面结构中采用级配碎石缓冲层，即所谓的倒装结构较多，厚度为 10~15 cm，具有一定效果[122~125]。俄罗斯在 10~14 cm 厚的沥青混凝土下设置乳化沥青处理集料防裂中间层或集料中间层；英国采用高抗拉强度的聚合物网作为半刚性基层与沥青层的中间层以延缓缝向上传播[117]。采用软弱夹层将能有效地降低裂缝顶端的应力集中，延缓反射裂缝的扩展。Monismith 等[126, 127]用热弹性力学，对交通荷载与温度荷载作用下的开裂基层与加铺层中的应力分布特征进行了研究，并就橡胶沥青夹层对裂缝尖顶端附近应力集中的消散作用进行了分析。为了寻求合适的夹层材料以阻止或延缓反射裂缝的扩展，Coetzee 等也做过类似的研究[128~137]，研究表明，夹层材料的刚度越大，止裂作用越明显，如果层间的黏结强度不高，有可能使得基层上的裂缝沿界面扩展，但如果层间黏结强度足够高，不会导致脱胶现象发生，则裂缝将会沿垂直方向扩展。由于玻璃纤维格栅具有高抗拉强度和低延伸率，并且有较好的热稳定性，与沥青混合能很好地相容，在半刚性基层与沥青面层之间设置玻璃纤维格栅对于减少路面裂缝也有很好的成效[138, 139]，它可以设置在半刚性基层与下封层之间，也可以设置在下封层与沥青面层之间。

1.2.4　聚丙烯纤维的应用现状

国外对聚丙烯纤维的研究是从 20 世纪 60 年代开始的，Goldfein 研究了体积掺量为 0.5%的聚丙烯纤维增强混凝土的特性，建议用聚丙烯纤维作为掺合料加入混凝土建造美军工兵部队的防爆建筑，成为合成纤维混凝土的首创[140]。有关试验结果表明，若在混凝土中掺加体积率为 0.1%~0.3%的聚丙烯纤维，可使混凝土的塑性收缩减少 12%~25%[141]。20 世纪 70 年代初，美、英等国已经开始将聚丙烯单丝纤维用于混凝土制品与工程中，到 70 年代中期，美国成功开发了聚丙烯膜裂纤维，研究发现，使用这种纤维不仅有助于降低单丝的直径，并且可以使纤维的体积率减少到 0.1%~0.2%。国外的诸多研究均发现[142~145]，聚丙烯纤维对混凝土的作用主要是限制了混凝土早期裂缝的生成与发展，增强了混凝土抗裂性。聚丙烯纤维的阻裂效应主要体现在消除或减轻了早期混凝土中原生裂隙的发生和发展，钝化了原生裂隙尖端的应力集中，使介质内的应力场更加持续和均匀。文献[146]~[149]的研究发现，聚丙烯纤维对混凝土抗拉强度的提高可达到 90%，劈裂抗拉强度可达到 20%；聚丙烯纤维对混凝土的抗压及弯曲强度提高不明显，但可以大大提高混凝土的冲击及弯曲韧性；在高温环境下，低熔点的聚丙烯纤维混合能显著提高混凝土的高温特性。目前，在国外应用较广泛的聚丙烯纤维为美国希尔兄弟化工公司生产的杜拉纤维(Durafiber)，它能有效地控制混凝土或砂浆的塑性收缩、干缩、温差变形等因素引起的微裂缝，防止及抑制裂缝的形成及发展。

我国关于合成纤维混凝土的研究和应用起步较晚，20 世纪 90 年代中期美国几家纤维生产厂家相继来我国开拓市场，其纤维产品广泛应用于水泥基材料的结构工程，如水工、桥梁、桥面、路面及建筑物和构筑物的地下围护结构等，此后，国内很多科研院所开始对聚丙烯纤维在水泥基材料中的应用进行系统研究。从目前国内的研究水平来看，主要集中于对聚丙烯纤维混凝土的物理、力学性能的研究。天津市市政工程研究院曹诚等的研究表明，聚丙烯纤维能有效降低混凝土塑性裂缝的宽度，随着纤维的细度和掺量的增大，均能进一步降低混凝土中纤维的间距，增强阻裂效应[150, 151]。华渊等[152]的研究表明，与基准混凝土相比，随着纤维体积率的增加(0~15%)，纤维混凝土抗压强度变化很小，抗折强度提高了 12%~26%，韧性也随之增加，他们提出了聚丙烯纤维混凝土的裂缝发展规律，定性分析了增韧机理。大连理工大学戴建国和黄承逵等[153,154]研究了网状聚丙烯纤维混凝土的施工性能，抗压、抗弯性能，弯曲韧性、抗渗性能，热老化稳定性及收缩性能等，说明了低弹模纤维混凝土不仅可以防止塑性收缩裂缝，而且可以改善结构的延性和韧性。此外，文献[155]~[158]的研究均表明，聚丙烯纤维能有效地抑制混凝土材料的塑性收缩。

聚丙烯纤维不但可以用在混凝土或砂浆中增强其各种性能，应用于桥梁、地下室工程结构性防水、外墙抹灰、仓库地板及楼顶面防水、垃圾池及游泳池、停车场、水泥预制件等方面，而且可以用在其他工程材料里面，如沥青混合料、公路半刚性基层稳定粒料等。目前，国内外大量的研究资料都是关于聚丙烯纤维增强混凝土的，而关于聚丙烯纤维增强半刚性基层稳定粒料的研究资料较少。聚丙烯掺入半刚性基层稳定粒料主要是为了减弱基层材料的收缩性能，减小其刚性，从而提高基层的抗裂性能[82, 83, 159~163]。此外，在半刚性基层里面掺加聚丙烯纤维，施工工艺简单，在保证基层强度的情况下，可以使整个路面的厚度减小，从而可以大大节省总体的工程造价，而且可以节省大量用于治理由半刚性基层开裂而引起沥青路面裂缝的费用。因而，聚丙烯纤维增强半刚性基层材料在我国具有较大的实际应用潜力。进一步深入地研究聚丙烯纤维半刚性基层材料各种力学性能、收缩性能及其抗裂性能将会推进该新型基层材料在我国公路工程中的应用。

1.3 本书研究的主要内容

基于国内外研究现状，为提高高等级公路沥青路面半刚性基层的抗裂性能，本书在分析半刚性基层裂缝形成机理的基础上提出了通过改善基层材料本身性能来提高半刚性基层抗裂性的措施，即在水泥稳定碎石中掺加聚丙烯纤维，对聚丙烯纤维水泥稳定碎石各种力学性能及抗收缩开裂性能进行了系统的试验研究，主要开展了如下几个方面研究：

(1)在分析半刚性基层收缩开裂的基础上，推导出半刚性基层收缩应力及最大收缩应力的计算公式，对影响最大收缩应力的各种因素进行分析，从最大收缩应力的影响因素出发，提出相应的路面裂缝防治措施；根据所推导出的半刚性基层最大收缩应力公式探讨了半刚性基层裂缝产生的规律。

(2)通过聚丙烯纤维水泥稳定碎石击实试验确定每组配合比试件的最大干密度和最佳含水量。由于目前规范中没有对半刚性材料抗弯拉试验、收缩试验和断裂试验试件规格及成型方法的规定，本书根据圆柱体标准试件成型的原理，自行设计了一套钢制梁式试模以及脱模方法。

(3)在大量试验的基础上，采取 7 d、14 d、28 d 和 60 d 4 组试验龄期，分析了试验龄期对聚丙烯纤维水泥稳定碎石抗压强度、劈裂抗拉强度、抗压回弹模量、抗弯拉强度和抗弯拉弹性模量的影响；采用 0.4‰、0.6‰、0.8‰、1‰ 4 组聚丙烯纤维体积掺量分析了纤维掺量对上述强度及模量的影响；采用 4%、5%、6%、7% 4 组水泥掺量分析了水泥掺量对聚丙烯纤维水泥稳定碎石强度及模量的影响，并得出了相应的影响规律。

(4)测量材料收缩变形的试验方法有很多种，本书根据水泥稳定碎石材料的特性采用千分表机测法测试聚丙烯纤维水泥稳定碎石的干燥收缩性能，采用应变片电测法测试聚丙烯纤维水泥稳定碎石的温度收缩性能。在试验基础上分析了试验龄期、纤维掺量、水泥掺量对聚丙烯纤维水泥稳定碎石平均干缩系数和温缩系数的影响，试验龄期干缩取为 3 d、7 d、14 d 和 28 d，温缩取为 7 d、14 d、28 d 和 60 d，纤维和水泥掺量的选取同强度试验中一样。

(5)采用三点弯曲试验方法对水泥稳定碎石和聚丙烯纤维水泥稳定碎石的断裂性能进行了大量的试验研究，测得了试件的最大荷载、跨中挠度、预制裂缝嘴张开位移和裂缝尖端张开位移，并由此计算出了材料的断裂韧度和断裂能，同时在试验中还得到了试件的“荷载—挠度”、“荷载—裂缝嘴张开位移”、“荷载—裂缝尖端张开位移”曲线，并对聚丙烯纤维水泥稳定碎石失稳断裂前切口前缘应变场分布进行了分析。在试验基础上研究了试验龄期(14 d、28 d、60 d、90 d)、纤维和水泥掺量(同强度试验)对断裂韧度及断裂能的影响。除此之外，还分析了聚丙烯纤维掺量对水泥稳定碎石临界裂缝嘴张开位移、临界裂缝尖端张开位移、极限裂缝嘴张开位移和极限裂缝尖端张开位移的影响。

(6)目前，评价半刚性基层材料抗裂性的指标比较多，本书采用灰色关联分析法，对几种常用的评价指标体系进行了对比分析，得出了评价半刚性基层材料抗裂性的最佳评价指标是干缩能抗裂系数和温缩能抗裂系数的结论。

(7)运用纤维间距理论和乱向不连续纤维复合材料理论以及断裂力学的相关知识，对聚丙烯纤维对水泥稳定碎石的增强抗裂机理进行了理论分析。

第2章 半刚性基层沥青路面裂缝形成机理及防治措施

2.1 引 言

半刚性基层具有强度高、水稳性和冰冻稳定性好、刚性较大等优点。此外，半刚性基层材料板体性好，利于机械化施工且工程造价低，能适应重交通发展的需要，因而我国高等级公路建设中越来越多地采用了半刚性材料基层和底基层。目前，我国 90%以上的高等级公路沥青路面基层和底基层采用了半刚性材料，并且在我国今后高等级公路建设中，半刚性基层材料仍将成为路面基层的主要材料。

然而，随着半刚性基层沥青路面的大量应用，在实际使用过程中出现了不少问题，尤其是裂缝问题日益突出，并成为该结构的主要缺陷。国内已建成高速公路使用调查表明，通车后一年最迟两年均出现了大量裂缝，裂缝率最高达 640 $m/1\,000\ m^2$。就目前的研究现状来看，引起路面开裂的原因有很多，有面层材料方面的、基层材料方面的、设计方面的、施工方面的以及环境方面的，对路面裂缝所采取的防治措施也是分别针对上述几方面的。从第 1 章对半刚性基层路面裂缝危害的详细阐述可以看出，深入系统地研究和探讨半刚性基层裂缝产生的具体原因并采取相应有效的防治措施，将有益于延长路面的使用寿命，使半刚性基层路面发挥其更好的使用性能，以适应我国公路事业迅速发展的需要。

2.2 半刚性基层沥青路面裂缝的主要类型

沥青路面开裂的原因和裂缝的形式是多种多样的，影响裂缝轻重的主要因素有：沥青和沥青混合料的性质、基层材料的性质、气候条件、交通量和车辆类型以及施工因素等。按路面开裂的形式，路面裂缝可分为横向裂缝、纵向裂缝和网状裂缝；但就沥青路面开裂的主要原因而论，主要分为两大类，即荷载型裂缝和非荷载型裂缝[1]。非荷载型裂缝又可分为沥青面层自身的温缩裂缝和由基层温缩、干缩、疲劳引起的面层开裂。沥青面层自身的温缩裂缝包括低温收缩裂缝和由于温度反复升降导致的温度应力疲劳裂缝。由基层温缩、干缩和疲劳引起的面层开裂形式主要是反射裂缝和对应裂缝。在上述诸多类型的裂缝中，非荷载型裂缝是最主要的，尤其是由半刚性基层材料温缩和干缩引起的裂缝问题最为严重。

2.3　半刚性基层沥青路面裂缝形成机理

2.3.1　荷载型裂缝

荷载型裂缝主要是由于行车荷载作用而产生的，在车轮荷载作用下，路面回弹弯沉值逐渐增大，半刚性基层的底部产生弯拉应力，当此弯拉应力大于半刚性基层材料的抗弯拉强度时，半刚性基层底部就很快发生开裂，半刚性基层整体结构被打破。在行车荷载的反复作用下，在裂缝尖端会产生很大的应力集中，底部的裂缝会逐渐扩展到上部，并使沥青面层也开裂破坏。荷载型裂缝通常表现为稠密的纵向裂缝和网状裂缝，严重的会出现车辙或沉陷。荷载型裂缝在中、低级公路及一些超载较严重的高等级公路轮迹处常见[164]。从调查结果可知，高等级公路中这种裂缝并不多见，原因是这种裂缝的产生往往是由于结构层强度不足造成的，而我国大多数高等级公路采用半刚性基层，这种结构恰恰具有高强度的优势。

2.3.2　沥青面层自身的温缩裂缝

2.3.2.1　低温收缩裂缝

此种裂缝多发生在冬季。夏季在较高温度条件下，沥青混合料具有良好的应力松弛性能，温度升降产生的变形不至于产生过高的温度应力。但在冬季，随着温度下降，沥青混合料变得越来越硬，在路面结构上产生温度梯度，并开始收缩。由于沥青面层在路面结构中是受约束的，当气温大幅度下降时，沥青混合料的应力松弛赶不上温度应力的增长，因沥青面层不是绝对的等厚，在较薄处沥青面层就产生拉应力。开始时，由于沥青混合料的劲度相对较低，这个拉应力较小，但随着进一步的降温，在低温状态下沥青混合料的劲度增加，从而伴随了收缩的进一步增加。当沥青面层中产生的收缩拉应力或拉应变一旦超过了沥青混合料的抗拉强度或极限拉应变，沥青面层就会开裂。沥青面层表面一旦开裂，随着持续的低温或下一次降温的到来，在裂缝的尖端会产生较大的应力集中，致使裂缝向下延伸并逐渐穿透整个沥青面层。由于一般道路沥青面层的厚度都不是很大，收缩所受的约束力小，所以低温收缩裂缝主要是横向裂缝。

2.3.2.2　温度应力疲劳裂缝

这种裂缝主要发生在太阳照射较强烈、日夜温差比较大的地区。在这些地区，沥青面层白天温度与夜间温度之差相当大，在沥青面层中会产生较大的温度应力。由于长时间温度反复升降，这种应力反复循环地作用在面层中，导致沥青面层温度应力疲劳，使沥青混合料的极限拉伸应变或劲度模量变小，加上沥青的老化使沥青劲度增加，应力松弛性能降低，最终达到极限抗拉强度，在沥青面层的薄弱处首先开裂，使路面产生疲劳裂缝[165]。在我国 7、8 月份，大部分地区是多雨季节，当赤日炎炎时沥青表面的温度可高达 50~60 ℃，忽而天气骤变，使气温在较短时间内下降许多，这样就在沥青表面产生较大温度应力。由于沥青的质量及沥青面层厚度不均匀性，在沥青面层较薄处，会因这种反复作用使沥青面层产生温度应力疲劳裂缝。

一般认为低温开裂与路面材料有关，硬的沥青材料比软的沥青材料更容易出现低温开裂，沥青在环境因素的作用下出现氧化就更容易出现低温开裂。低温收缩裂缝和温度应力疲劳裂缝往往不是单独产生的，实际上沥青路面的温度裂缝是二者的综合。

2.3.3　半刚性基层裂缝形成机理

半刚性基层的裂缝是由其温度收缩、干燥收缩和疲劳荷载作用产生的，而疲劳荷载作用是次要的，主要因素是温度收缩和干燥收缩。因而，半刚性基层材料的温度收缩机理和干燥收缩机理便构成了半刚性基层裂缝形成的主要机理。

2.3.3.1　温度收缩机理[5, 29, 82, 166, 167]

半刚性基层材料的基本结构是由固相(组成其空间骨架原材料的颗粒和其间的胶结料)、液相(存在于固相表面与空隙中的水和水溶液)、气相(存在于空隙中的气体)组成的。因而，半刚性基层材料的外观胀缩性是固、液、气三相不同温度收缩性的综合效应，使得基层材料产生体积收缩即温度收缩。一般气相大部分与大气贯通，在综合效应中影响较小，可以忽略。就组成固相的矿物颗粒而言，原材料中砂料以上颗粒温度收缩系数较小，粉粒以下颗粒特别是黏土矿物的温度收缩系数较大。

半刚性基层材料固相颗粒大部分为结晶体和部分非结晶体，组成晶体的质点(离子、原子、分子)在空间很有规律地排列着，这些质点由化学键和分子键产生的结合力相互约束。这种约束体现在质点只能在原位置上作热振动，因此其热学性质由质点间的键性和质点的热振动两个因素所决定。晶体的质点间由于存在化学键和范德华键等相互作用力，质点的总内能中的势能和动能的变化必然会影响质点间的平衡距离，进而影响晶体的空间体积。组成晶体的质点间的键性一般较强，质点的热振动只能在其平衡位置附近进行。晶体的势能曲线是不严格对称的左陡、右缓的复杂曲线，在一定温度下，晶体质点有一定的动能，质点在 r_1 和 r_2 间作振动，平均间距为 $r_0=(r_1+r_2)/2$。因为势能曲线在最低点不对称，热振动趋向于向势能增加小的方向移动更大的距离。当材料系统在环境中得到热能时，平均间距 r_0 右移，质点间距离随温度的升高而增大。

此外，半刚性材料中胶结物各矿料也有较大的温度收缩性。存在于半刚性基层材料内部大孔隙、毛细孔、凝胶孔中的水主要是通过扩张作用、表面张力作用和冰冻作用这三种过程对半刚性材料的温度收缩性产生较大影响的。半刚性材料在干燥和饱水状态下有较小的温度收缩值，而在一般含水量下有较大的温度收缩值。

由于半刚性基层材料存在着上述的温度收缩性，基层铺筑后，到了冬季随着温度的降低，基层材料便产生收缩，即使是铺了沥青面层后，如果面层较薄也会产生温度收缩。由于基层在路面结构中受到约束，当气温大幅度下降时，基层材料中拉应力或拉应变会急剧增大，一旦超过基层材料的抗拉强度或极限抗拉应变就会引起基层的开裂。半刚性基层一般是在高温季节中铺筑而成，成形初期未被沥青面层封闭，由于环境温度存在着昼夜温差，在基层中产生较大温度应力，这种温度应力日复一日地反复作用在基层中，也会使基层产生裂缝。当沥青面层较厚时，对半刚性基层有很好的隔温保护作用，能够明显降低半刚性基层顶面所受负温的绝对值，也可明显减少半刚性基层顶面遭受的温度变化，从而可减少半刚性基层产生的温缩裂缝。

2.3.3.2　干燥收缩机理[5, 29, 30, 82, 167]

半刚性基层的干燥收缩是指基层材料因内部含水量变化而引起的体积收缩现象。其基本原理是由于水的蒸发而发生的毛细管张力作用、吸附水及分子间力作用、干燥收缩的层间水作用以及碳化脱水作用而引起的整体宏观体积变化。

(1)毛细管张力作用。半刚性基层材料毛细管中水的弯液面存在内外压力差，即毛细管张力，以压力的形式作用于毛细管壁。试验表明，外部环境的变化引起半刚性材料的干燥收缩，首先发生大孔隙中的毛细管水的蒸发，而大孔隙中重力水蒸发，几乎很少引起材料整体的宏观体积变化。当水分蒸发时毛细管水面下降，毛细管内弯液面曲率半径变小，致使压力差增大，从而使半刚性材料产生初期的体积收缩。毛细管张力与毛细管半径、弯液面曲率半径以及相对湿度均成反比。随着相对湿度的减小，弯液面曲率半径变小，毛细管孔径变细，毛细管张力也就逐渐增加，而且后期增长率越来越大。因此，在毛细管张力作用阶段，随着水分的散失，半刚性材料的干燥收缩率越来越大。

(2)吸附水及分子间力作用。毛细管水蒸发完结后，随着相对湿度的继续减小，半刚性基层材料中的吸附水开始蒸发，使颗粒表面水膜变薄，其间距变小，分子力增大，导致其宏观体积进一步收缩。其收缩量要比毛细管张力作用的影响大得多，但这一增强的趋势也是有限度的，这是由于颗粒间同时也存在着排斥力，源于颗粒间中央处结合水的离子浓度高于颗粒表面很远处正常水溶液离子浓度，从而出现渗透压力，水分子向颗粒间渗透，使颗粒互相排斥。所以，随着颗粒间距的进一步减小，吸附水及分子间力作用达到最大值后开始逐渐减弱，在吸附水及分子间力的影响减弱过程中，层间水的作用开始明显，但它随着晶胞间距的变小，颗粒间斥力逐渐增强，从而对宏观收缩的影响越来越弱。到了一定程度后，收缩量逐渐减小，直至终止收缩。半刚性材料中的胶结物，如 C-S-H 凝胶、$Ca(OH)_2$、$CaCO_3$ 以及 C-A-H 等结晶和非黏土矿物，吸附水及分子间力作用过程有所不同。各类结晶、凝胶和矿物颗粒表面都服从最小表面能原理，吸附水后，这层水作平行于表面方向的运动，引起"尖劈"作用力，使固体颗粒膨胀；水脱附后，"尖劈"作用力消失，使整体材料收缩。颗粒一定程度的靠近又会引起分子引力的增加。

(3)干燥收缩的层间水作用。半刚性基层材料中的一些层状结构物晶体或非晶体，如黏土矿物、C-S-H 凝胶、C-A-H 结晶等，层间"夹"有大量层间水及水化离子，随着层间水的蒸发，晶格间距减小，也会引起整体收缩。含有蒙脱石和丰富火山灰反应生成物的半刚性材料具有强的层间水作用，从而具有较大的干燥收缩性，而含黏土多的半刚性材料比含水化物多的材料层间水作用更强烈。

(4)碳化脱水作用。所谓碳化收缩，也就是由于碳化反应引起的收缩，即在碳化反应中，$Ca(OH)_2$ 和 CO_2 反应生成水和 $CaCO_3$ 结晶体，所生成的水散失后引起的体积收缩。当半刚性基层铺筑后，由于基层材料具有的干燥收缩特性，随着基层混合料中水分的减少，要产生干缩和干缩应力。水分减少得越多、越快，产生的干缩应力就越大；随着水分减少变慢，干缩应力逐渐增长，干缩应变产生得就缓慢。如果无合适的养生，在头几天内就会产生很大的干缩应力，而此时基层混合料的抗拉强度还不大，因此很容易产生干缩裂缝。半刚性基层养生结束后，如不及时铺筑沥青封层和面层，让其暴晒，则随着暴晒时间增长，也会产生干缩裂缝。开始时，干缩裂缝往往很细，随着水分继续减少，裂缝会增宽至 3 mm 以上。半刚性基层的干缩裂缝主要是横向的，但也有纵向及不规则的块状。在干燥季节，特别是在干旱地区，可能在铺筑沥青面层后半刚性基层中的水分还会进一步减少，因而还会陆续产生干缩裂缝，直到基层的含水量达到平衡含水量。

2.3.4 半刚性基层温缩应力和干缩应力计算方法

我国已建成高速公路的使用调查表明，路面裂缝中 50%以上为半刚性基层先开裂导致沥青面层开裂的反射裂缝，而半刚性基层内的裂缝往往在铺筑面层之前就已经形成了。国内外的研究均表明，半刚性基层的开裂主要是由半刚性材料的温度收缩和干燥收缩引起的[30, 168, 169]。半刚性基层的温度收缩和干燥收缩使基层内产生温度收缩应力和干燥收缩应力，当这两种应力综合的最大应力值一旦超过了半刚性材料的极限抗拉强度，就会产生裂缝。根据断裂力学理论，裂缝的扩展主要有三种形式，即Ⅰ型拉裂、Ⅱ型剪裂和Ⅲ型撕裂[170](见图 2.1)，三种模式中Ⅰ型拉裂和Ⅱ型剪裂较常见，Ⅲ型撕裂较少。而对于促使裂缝扩展的温缩应力和干缩应力来说，它们均为拉应力，因而其导致的裂缝扩展模式主要为Ⅰ型拉裂。温缩、干缩裂缝在半刚性基层表面表现为横向裂缝，其分布通常有一定的规律性，一般沿路线方向每隔一段距离就有一道横向裂缝。为了更有效地防治半刚性基层的温缩、干缩裂缝，就必须弄清裂缝产生的内在原因、发展机理以及温缩应力和干缩应力的计算方法。

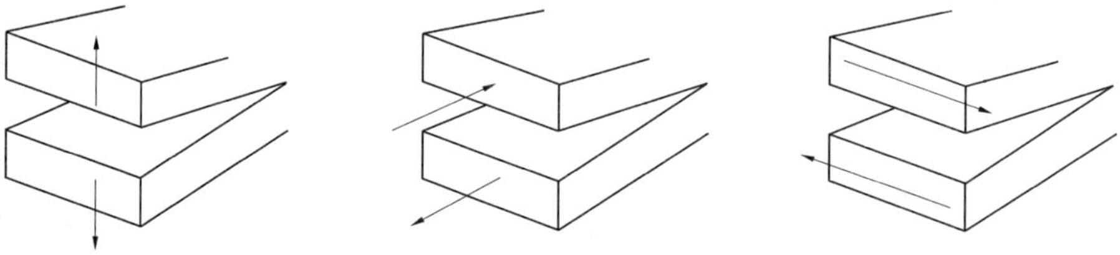

图 2.1　裂缝扩展模式

2.3.4.1 计算中的基本假定[171~173]

(1)路面的半刚性基层下面为底基层，与基层相比，底基层的厚度很小。假定相互约束的底基层和基层均为可变形的弹性结构，底基层对半刚性基层的约束可以通过它们之间的剪应力与约束收缩变形的关系表现出来。

(2)底基层与半刚性基层沿水平方向产生相对位移时，接触面某点的摩擦应力与该点的水平位移成正比，即

$$\tau_x = -C_x \cdot u_x \tag{2.1}$$

式中：C_x为摩擦阻力系数，对于底基层可取 C_x=0.6 N/mm^3；u_x为基层内 x 处水平位移；负号表示摩擦应力永远与位移相反。

(3)假定在半刚性基层沿厚度变化的范围内，其经受的温度变化和含水量变化是均匀的，其产生的温度收缩和干燥收缩以及收缩应力也是均匀的。

(4)从实际观测到的裂缝情况来看，收缩裂缝基本上都是互相平行的横向裂缝，因而假设半刚性基层只受沿路长方向的纵向约束，而不受横向约束。

2.3.4.2　半刚性基层温缩应力计算公式的推导

半刚性基层的横截面为矩形，在基层的任意点 x 处，截取一段长 dx 的微体，微体宽度为 B，厚度为 H，截面平均温度收缩应力为 $\sigma_t(x)$，剪应力为 τ_x，即基层与底基层间的摩擦应力，取半刚性基层长度为 L，建立如图 2.2 所示的受力模型。

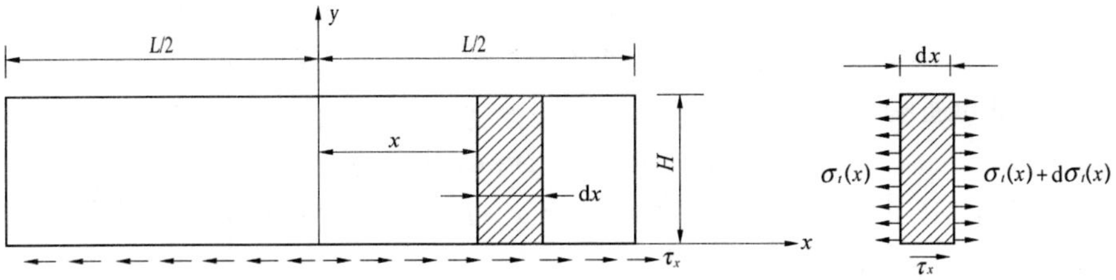

图 2.2　半刚性基层受力模型

微体水平方向的平衡方程为

$$[\sigma_t(x)+\mathrm{d}\sigma_t(x)]BH-\sigma_t(x)BH+\tau_x B\,\mathrm{d}x=0 \tag{2.2}$$

由式(2.2)可得

$$\frac{\mathrm{d}\sigma_t(x)}{\mathrm{d}x}+\frac{\tau_x}{H}=0 \tag{2.3}$$

当半刚性基层温度下降时，基层内 x 截面处的位移 u_x 由约束位移与自由位移合成

$$u_x=u_\sigma+\alpha_t tx \tag{2.4}$$

式中：u_x 为基层内 x 截面处的位移；u_σ 为截面约束位移；α_t 为温度收缩系数；t 为基层的温度下降值。

将式(2.4)两边对 x 微分得

$$\frac{\mathrm{d}u_x}{\mathrm{d}x}=\frac{\mathrm{d}u_\sigma}{\mathrm{d}x}+\alpha_t t \tag{2.5}$$

将式(2.5)两边再次对 x 微分得

$$\frac{\mathrm{d}^2u_x}{\mathrm{d}x^2}=\frac{\mathrm{d}^2u_\sigma}{\mathrm{d}x^2} \tag{2.6}$$

截面处的温缩应力又可表示为

$$\sigma_t(x)=E\frac{\mathrm{d}u_\sigma}{\mathrm{d}x} \tag{2.7}$$

将式(2.7)两边对 x 微分得

$$\frac{\mathrm{d}\sigma_t(x)}{\mathrm{d}x}=E\frac{\mathrm{d}^2u_\sigma}{\mathrm{d}x^2} \tag{2.8}$$

将式(2.6)代入式(2.8)得

$$\frac{\mathrm{d}\sigma_t(x)}{\mathrm{d}x}=E\frac{\mathrm{d}^2u_x}{\mathrm{d}x^2} \tag{2.9}$$

将式(2.3)代入式(2.9)得

$$E\frac{\mathrm{d}^2 u_x}{\mathrm{d}x^2}+\frac{\tau_x}{H}=0 \tag{2.10}$$

将式(2.1)代入式(2.10)，并令 $\beta=\sqrt{C_x/(EH)}$ 得

$$\frac{\mathrm{d}^2 u_x}{\mathrm{d}x^2}-\beta^2 u_x=0 \tag{2.11}$$

此微分方程的通解为

$$u_x=C_1\operatorname{ch}(\beta x)+C_2\operatorname{sh}(\beta x) \tag{2.12}$$

边界条件为：①当 $x=0$ 时，$u_x=0$；②当 $x=L/2$ 时，$\sigma_t(x)=0$。由边界条件①很容易求得 $C_1=0$。

由式(2.7)和式(2.5)得

$$\sigma_t(x)=E(\frac{\mathrm{d}u_x}{\mathrm{d}x}-\alpha_t t) \tag{2.13}$$

又由 $C_1=0$、式(2.12)得

$$\frac{\mathrm{d}u_x}{\mathrm{d}x}=\beta C_2\operatorname{ch}(\beta x) \tag{2.14}$$

将边界条件②代入式(2.13)、式(2.14)可求得 $C_2=\frac{\alpha_t t}{\beta\operatorname{ch}(\beta L/2)}$，则 u_x 为

$$u_x=\frac{\alpha_t t}{\beta\operatorname{ch}(\beta L/2)}\operatorname{sh}(\beta x) \tag{2.15}$$

将式(2.15)代入式(2.13)即得截面温缩应力

$$\sigma_t(x)=-E\alpha_t t[1-\frac{\operatorname{ch}(\beta x)}{\operatorname{ch}(\beta L/2)}] \tag{2.16}$$

由式(2.16)可知，当 x=0 时，温缩应力最大，其最大值为

$$\sigma_t(x)_{\max}=-E\alpha_t t[1-\frac{1}{\operatorname{ch}(\beta L/2)}] \tag{2.17}$$

由式(2.16)可以看出，半刚性基层中间部位的温缩应力最大。由式(2.17)可知，最大温缩应力与半刚性基层温度降低值、基层材料弹性模量及温度收缩系数有关。此外，最大温缩应力还与基层受底基层的约束程度(底基层对半刚性基层的阻力系数 C_x)、半刚性基层的厚度 H 和长度 L 有关，但这些关系都不是线性变化关系。

2.3.4.3 半刚性基层干缩应力计算公式的推导

干缩应力的计算同样取长度为 L 的半刚性基层，半刚性基层在干缩过程中受底基层约束所产生干缩应力为 $\sigma_d(x)$，其受力模式仍可参照图 2.2，只需将图中的 $\sigma_t(x)$ 替换为 $\sigma_d(x)$。在任意点 x 处仍截取一段 dx 长的微体，宽度为 B，厚度为 H，在底部所受摩擦应力仍为 τ_x。

微体水平方向的平衡方程为

$$[\sigma_d(x)+\mathrm{d}\sigma_d(x)]BH-\sigma_d(x)BH+\tau_x B\,\mathrm{d}x=0 \tag{2.18}$$

由式(2.18)可得

$$\frac{\mathrm{d}\sigma_d(x)}{\mathrm{d}x}+\frac{\tau_x}{H}=0 \tag{2.19}$$

当半刚性基层内含水量减小时，基层内 x 截面处的位移 u_x 由约束位移与自由位移合成

$$u_x=u_\sigma+\alpha_d\omega x \tag{2.20}$$

式中：u_x 为基层内 x 截面处的位移；u_σ 为截面约束位移；α_d 为干燥收缩系数；ω 为基层的含水量减小值。

将式(2.20)两边对 x 两次微分得

$$\frac{\mathrm{d}^2u_x}{\mathrm{d}x^2}=\frac{\mathrm{d}^2u_\sigma}{\mathrm{d}x^2} \tag{2.21}$$

截面处的干缩应力又可表示为

$$\sigma_d(x)=E\frac{\mathrm{d}u_\sigma}{\mathrm{d}x} \tag{2.22}$$

式(2.22)两边对 x 微分并由式(2.21)可得

$$\frac{\mathrm{d}\sigma_d(x)}{\mathrm{d}x}=E\frac{\mathrm{d}^2u_x}{\mathrm{d}x^2} \tag{2.23}$$

将式(2.19)代入式(2.23)，再由式(2.1)，并令 $\beta=\sqrt{C_x/(EH)}$ 得

$$\frac{\mathrm{d}^2u_x}{\mathrm{d}x^2}-\beta^2u_x=0 \tag{2.24}$$

微分方程(2.24)和式(2.11)的形式相同，同时两方程的边界条件也完全相同，故可比照温缩应力的推导得

$$\sigma_d(x)=-E\alpha_d\omega\,[1-\frac{\mathrm{ch}(\beta x)}{\mathrm{ch}(\beta L/2)}] \tag{2.25}$$

由式(2.25)可知，当 $x=0$ 时，干缩应力也取得最大值，即

$$\sigma_d(x)_{\max}=-E\alpha_d\omega\,[1-\frac{1}{\mathrm{ch}(\beta L/2)}] \tag{2.26}$$

由式(2.25)可知，半刚性基层的最大干缩应力也产生于基层中间部位。由式(2.26)可知，最大干缩应力与半刚性基层含水量损失量、基层半刚性材料弹性模量及干燥收缩系数有关。此外，最大干缩应力还与基层受底基层的约束程度(底基层对半刚性基层的阻力系数 C_x)、半刚性基层的厚度 H 和长度 L 有关，但这些关系也都不是线性变化关系。

2.3.4.4　半刚性基层内总的收缩应力

半刚性基层内总的收缩应力是温缩应力和干缩应力的叠加，由式(2.17)和式(2.26)可得总的最大收缩应力为

$$\sigma(x)_{\max}=-E(\alpha_t t+\alpha_d\omega)[1-\frac{1}{\mathrm{ch}(\beta L/2)}] \tag{2.27}$$

其中，由于温度是降低的，t 为负值，并且随着干缩的进行，含水量是逐渐减小的，因而含水量的变化量 ω 也为负值，这样求得的总的收缩应力为正值，即为拉应力。

由式(2.27)和 β 的表达式可以看出，半刚性基层中间部位的收缩应力最大，最大收缩应力随着基层弹性模量、温差、含水量变化、温度收缩系数、干燥收缩系数的增大而增

大。此外，最大收缩应力还随着基层受底基层的约束程度(底基层对半刚性基层的阻力系数 C_x)、半刚性基层的厚度 H 和长度 L 的变化而变化。

2.3.4.5 半刚性基层收缩裂缝开裂规律

半刚性基层的收缩裂缝从产生到发展是一个复杂而又有规律的过程，图 2.3 为半刚性基层收缩裂缝有序开裂过程示意图。由于半刚性基层受到底基层的约束，随着温度的下降以及含水量的减小，在基层内部产生的最大收缩拉应力为 $\sigma(x)_{\max}$ ，如图 2.3(a)所示。由分析可知，当最大拉应力超过半刚性材料抗拉强度时，即 $\sigma(x)_{\max} > R_i$ ，如图 2.3(b)所示，便在最大应力处，即基层板块的中部出现第一次开裂，一块分成了两块，裂缝处应力松弛，每一板块进行应力重分布，其应力分布与未裂时整个基层板块的应力分布相似，但其应力最大值由于长度减少了一半而减小。如果该应力最大值 $\sigma_1(x)_{\max}$ 仍超过基层材料的抗拉强度 R_i ，即 $\sigma_1(x)_{\max} > R_i$ ，则产生第二批裂缝并引起第二次应力重分配，每一基层板块再分成两块，共形成四块板和三条裂缝，如图 2.3(c)所示。半刚性基层内的温度不断下降，含水量不断减小，则不断重复上述过程，一直到最后那块基层板块中部最大拉应力小于或等于半刚性材料的抗拉强度，裂缝便保持稳定，不再增加。许多现场观测到的半刚性基层裂缝的开裂情况基本上符合上述规律，只是由于半刚性基层材料抗拉强度不均匀而使裂缝部位有时不完全位于正中部。

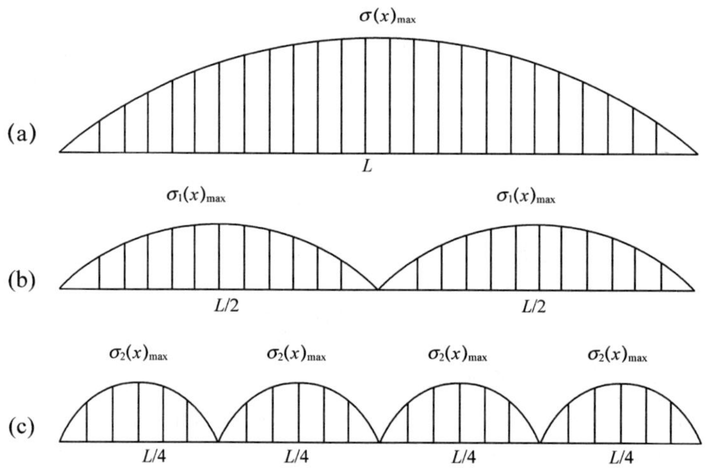

图 2.3 半刚性基层收缩裂缝有序开裂过程示意图

2.3.5 反射裂缝形成机理

在半刚性基层沥青路面上现场钻芯取样观测表明，相当数量的裂缝为半刚性基层先开裂而导致沥青面层开裂的反射裂缝，这一比例常超过 50%，在高等级公路上的比例可能会更高。因此，反射裂缝成为高等级公路半刚性基层沥青路面的主要病害[174~179]。在冰冻或寒冷地区，特别是重冰冻地区，因温度收缩或干燥收缩已开裂的半刚性基层在由温度变化引起的膨胀和收缩作用下会产生水平位移。当行车荷载通过时，基层裂缝两端之间会引起下卧路面结构在裂缝处产生竖向位移差，在面层中引起面层剪切错动，使基层的裂缝反复张开和缩小并产生剪切疲劳破坏而导致开裂[166]。根据调查资料分析，反射裂缝有以下特点[180]：反射裂缝的形成与基层修筑质量及基层材料温缩性大小有关，是一种面层贯通式的通透缝；与半刚性基层收缩裂缝互相对应，基层裂缝上口与反射裂缝下口基本吻合，偶有错动现象发生，一般错动距离为 3~15 cm；反射裂缝间距有一定规律性，绝大多数间距为 5~6 m；裂缝的轴线较顺直，一般成横向条状出现，缝隙比其他类型裂缝要略宽一些，连续性也明显一些。如图 2.4 为半刚性基层沥青路面反射裂缝示意图。

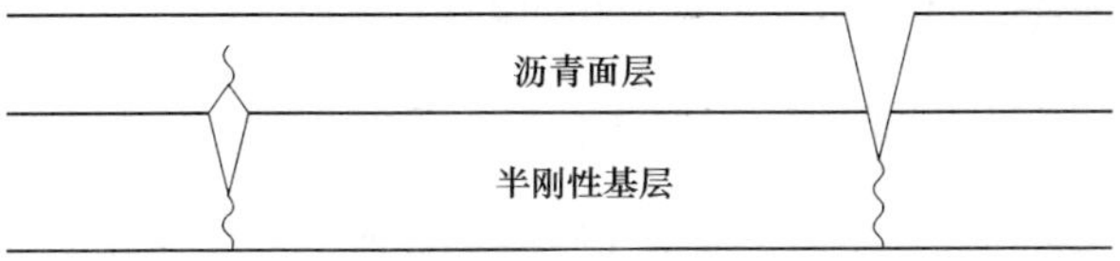

图 2.4　半刚性基层沥青路面反射裂缝示意图

从力学机理分析，反射裂缝可以认为是由于裂缝在半刚性基层中形成后，在行车荷载和温度应力反复作用下，裂缝尖端应力集中，出现应力奇异点，此应力值远高于无裂缝相同点处应力，从而导致上覆面层拉裂，裂缝向上扩展最终形成反射裂缝[181]。当铺筑的沥青面层较薄时，由于日温差的作用，在结合得好的沥青面层下，半刚性基层的水平和垂直位移使得在基层裂缝处沥青层底产生剪应力、温缩应力以及温缩应力对应于基层裂缝处的拉应力。其中的温缩应力作用是最主要的，它会在基层的裂缝部位造成很大的应力集中，此应力值远高于无裂缝相同点处应力。半刚性基层与沥青面层间的应力传递在裂缝自由端中断，从而使沥青面层的温缩应力加剧。由于在较低温度下沥青面层通常较硬，变形能力差，只能承受较小的拉应力，因而容易被拉裂。由于这种裂缝的扩展方向是由下至上的，因而称为反射裂缝。

2.3.6　对应裂缝形成机理

在已产生裂缝的半刚性基层上或是已开裂的老路面上铺筑较厚的沥青面层后，基层或老路面的变形会集中反映在裂缝处。它将给产生温度收缩和翘曲的新铺沥青面层一个附加拉应力，此附加拉应力和沥青面层的低温收缩应力之和一旦超过沥青混合料的抗拉强度，则新沥青面层的表面在基层或老路面裂缝的上方首先开裂，并逐渐向下传播，直到与基层或者老路面的裂缝相连而形成对应裂缝。有时，较厚沥青面层的对应裂缝只是在行车后才发生，这是由于偏荷载(荷载边缘与裂缝重合)作用使裂缝尖端有明显的奇异性，使得面层开裂。如图 2.5 为半刚性基层沥青路面对应裂缝示意图。

图 2.5　半刚性基层沥青路面对应裂缝示意图

2.4　防治高等级公路半刚性基层路面裂缝的措施

由以上分析可知，高等级公路半刚性基层路面产生裂缝的种类比较多，产生的机理也较复杂，因而裂缝的防治也是一项复杂的工作，必须根据相关因素做出全面考虑。综合国内外的研究现状，目前防治半刚性基层路面裂缝的措施主要为三类：针对沥青面层的措施、针对半刚性基层的措施以及在半刚性基层与沥青面层间设置应力吸收中间层的措施，这其中包括了路面结构设计和施工方面的措施[182~187]。

2.4.1　针对沥青面层的措施

对于面层，其抗裂措施主要是要适当增加沥青面层厚度，采用优质沥青混合料等。在路面结构组合设计方面，可通过修筑试验路段的办法提出适合该地区特征的典型路面结构模式，合理确定最佳沥青面层厚度，在使路面结构力学合理的前提下，适当增加沥青面层厚度，可使整体抗弯拉强度得到提高，而且对半刚性基层起到很好的隔温隔热作用，从而在一定程度上减少反射裂缝的产生。国外通常认为，为了防治半刚性基层沥青路面的反射裂缝，沥青层的厚度不宜小于 15 cm，这是就一般而言的。我国一些较厚的沥青层的沥青路面，如京津唐高速公路、广深珠高速公路等的横向裂缝明显减少，也证明了这一点。近年来，我国许多工程已经将沥青层厚度从 15 cm 增加到 18 cm，应该会有一些效果，但是从我国的实际应用情况看，绝大部分沥青层厚度超过 15 cm 的高速公路仍然有明显的反射裂缝。主要的原因在于：一方面，我国的水泥稳定粒料基层强度比较高，在施工期间就开裂不少，而且裂缝宽度也大，向上传递的力量自然也大；另一方面，我国沥青层很多不是一年铺筑的，往往第一年只铺筑下面层过冬，也就是说，基层开裂的反射裂缝是经过两次反射传递到沥青层表面的，第一年先反射到下面层表面，以后再逐渐传递到上面层。即使第一年没有使下面层开裂那么多，也已受伤，埋下了隐患。由此可见，为了防止沥青层表面出现反射裂缝，将基层和沥青面层在一年内完成铺筑是极为重要的。增加沥青面层厚度可以一定程度地减少反射裂缝，但是，所选用的沥青面层厚度也不能太厚而失去经济上的意义。

面层沥青的质量是防治低温缩裂的关键，因而应选用劲度模量大、温度敏感性低、延度大、耐久性好、抗老化并且符合“重交通道路石油沥青技术要求”的沥青或改性沥青，有条件的采用较稀的高黏度沥青。沥青混合料配合比设计中，可适当加大沥青用量，减小混合料孔隙率，以延续裂缝的发展。选用有一定级配的集料，最好是连续型密级配中粒或粗粒式沥青混凝土作沥青面层，以减小沥青面层自身的温湿效应。也可在沥青中掺入纤维(如玻璃纤维、聚丙烯纤维、钢纤维等)、树脂等以提高沥青混合料的抗拉强度，从而增强其抗裂性[188~190]。要保障沥青面层和半刚性基层之间有一定的黏结性，半刚性基层较之级配碎石、沥青稳定碎石等柔性基层热容量小，与沥青面层的附着性较差，将使面层有一定自由收缩变形的可能性，混合料的应力松弛性能得不到充分发挥，温度应力无法传递到基层中去，在面层内易积聚，容易产生开裂，所以基层上有透油层加强黏结对抗裂会有好处[19]。另外，在施工中，要严格控制碾压程序，使沥青面层压实度满足设计和规范要求。

2.4.2　针对半刚性基层的措施

控制基层的开裂是半刚性基层沥青路面防裂的关键。引起半刚性基层沥青路面开裂的一个最主要的原因就是半刚性基层的开裂，半刚性基层开裂是由于基层内部的最大收缩应力超过了半刚性材料的抗拉强度，因而采取防治半刚性基层裂缝的措施就是减小基层内部最大收缩应力和增大半刚性材料抗拉强度的措施，可针对半刚性基层最大温缩、干缩应力的影响因素采取相应的措施。

2.4.2.1　针对半刚性基层材料的措施

为减少半刚性基层的开裂，应尽量提高基层材料的抗拉强度，降低材料的弹性模量、温缩系数和干缩系数，减小基层内部的最大收缩应力。对二灰稳定类基层宜优先选用的类型依次为：二灰稳定碎石→二灰稳定砂砾石→二灰稳定砂→二灰稳定石沫→二灰稳定煤矸石(因煤矸石易风化)；对水泥稳定类基层宜优先选用的类型依次为：水泥稳定碎石→水泥稳定砂砾石→水泥稳定砂→水泥石灰综合稳定类[191]。必要时可加入早强剂，以提高半刚性基层早期强度，使其抗弯拉强度增大而弯拉模量变化不大，温湿效应减弱，耐用性提高，抗裂性增强。可采用补偿收缩措施，如掺加膨胀剂[192]，也可采用限制收缩措施，如掺加合成纤维、土工织物等来增强基层材料的抗裂性能[82]。

水泥剂量的多少与水泥稳定材料的强度、弹性模量、温缩系数和干缩系数的大小有直接关系。随着水泥用量增加，其强度和弹性模量增加，但是收缩系数也随之增加，因而在满足要求的情况下，宜采用最小的水泥用量以降低弹性模量和收缩系数。尽量使用骨架密实结构矿料级配，骨架密实型半刚性材料比规范推荐级配中值的悬浮结构半刚性材料在干缩系数方面可降低 31%，在温缩系数方面可以降低 18%左右[12]。由于细骨料特别是粒径为 0.075 mm 左右的细骨料有较大的干缩系数，比表面积大，遇水膨胀，失水后干缩变形大，因而半刚性基层材料中细料含量越多，其内部孔隙也就越多，从而在水作用下其收缩也就越大[193]。所以，要严格控制粒料中细料的含量和塑性指数，做到连续级配，避免间断级配，必要时采取掺配等手段优化级配。

2.4.2.2　针对施工过程的措施

实践表明，相当数量的基层裂缝是由施工质量引起的，因而一定要确保半刚性基层的施工质量。尽量减少基层内部温度变化和含水量损失。基层混合料要尽量采用厂拌法施工，保证混合料拌和均匀，并严格控制基层碾压含水量，含水量不能超过压实需要的最佳含水量或控制在施工规范容许范围内，含水量不宜过小，否则会影响水泥的水化，从而影响基层的强度形成，但含水量也不宜超过最佳含水量的 1%，因水分过多会引起干缩裂缝。在基层碾压完成后要及时进行养生，使混合料的含水量不受损失，决不能让基层暴晒变干裂。养生结束后，应立即喷洒稀释的高黏度沥青，做成透层或封层，在其上撒布 3~8 mm 的石屑。透层具有一定的保温保湿作用，但如果时间稍长半刚性基层混合料中水分也会损失，并产生干缩裂缝，在温差大时也可能产生温缩裂缝，因而做完透层或封层后要尽快铺筑沥青面层。

2.4.2.3 设置预切缝的措施

在基层设置预切缝也可减少基层裂缝的产生[112]。在铺筑沥青面层前，通过对基层采用预切缝处理的措施来减小基层的“相对长度”，以此来减小基层内部累积的温缩、干缩应力效应，并可削弱基层的约束条件。但应注意预切缝的间距、深度等尺寸参数，应通过试验和实际情况确定。预切缝间距小，接缝多，不仅增加施工的复杂性，而且影响路面的整体强度。但是，预切缝过长也会带来一些问题，如温度翘曲应力增大，干缩、温缩引起基层的伸缩量大，增加基层开裂的可能性等。由于在荷载和环境因素作用下的基层预切缝缝隙处的沥青面层易产生应力集中，因此还要对预切缝处预先处理(如用乳化沥青填缝、在切缝处铺设一定宽度的防水油毡或土工织物等)，这样可使预切缝“停留”在基层而不会反射到面层，即使产生反射裂缝，也比基层自由开裂而产生的反射裂缝规则[113]。此外，也可以在基层施工过程中人为地制造微细裂纹，以此降低基层收缩性，同时，使水硬性结合料稳定基层内的均匀细裂缝有好的传荷能力。

2.4.3 在半刚性基层与沥青面层间设置应力吸收中间层的措施

设置应力吸收中间层，即在沥青面层与半刚性基层之间加铺一层弹性模量低、韧性较高、能承受较大应变而不破坏的材料，该层成为上、下接触面间的弹性联结，由于此弹性联结，面层和基层间可以错动而不承受由于基层移动造成的应力，使基层裂缝向上反射而产生的结构应力可以在该层的界面上被消散，从而吸收半刚性基层的收缩应力或应变。该应力吸收中间层在国外称之为 SAMI，在国内外工程中尝试最多的是将高掺量的橡胶粉沥青、低稠度沥青混凝土、开级配沥青混凝土底层、级配碎石、土工织物、预制纤维膜布等作为应力吸收中间层[42, 194~196]。应力吸收中间层对减缓反射裂缝的产生与扩张有明显的效果，可使裂缝处相对位移产生的应力传到面层时大为减少，明显减弱裂缝尖端应力的奇异性，降低应力强度因子，并且使基层裂缝向上反射而产生的结构应力在中间层的界面上被大大削减，从而不至于引起沥青面层开裂。此外，国内外也有采用沥青稳定碎石作为中间层的，其可以防止或减少反射裂缝，但是沥青稳定碎石亦具有较高的模量，特别是在低温下，半刚性基层裂缝尖端的集中应力仍会使其开裂进而引起沥青面层的开裂，反射裂缝亦不能避免[197]。法国开发的抗裂缝薄膜，是一种改性沥青薄膜，其上铺一层含纤维的冷拌沥青混合料，置于有裂缝的基层和沥青混凝土面层中间，该技术已在法国高速公路上广泛应用[198]。应力吸收中间层延缓反射裂缝的原理如图 2.6 所示[199]。有些应力吸收中间层，如橡胶粉沥青中间层和浸透沥青的土工织物中间层等，还可防止路表水透入路面半刚性基层和土基，起到隔水的作用。此外，级配碎石中间层本身还是很好的隔温层，可减小基层中的温度梯度和基层顶面的最低温度，使得基层中的温度应力小于材料的抗拉强度，从而减轻半刚性基层的温缩，减少裂缝的产生。

除在上述三方面采取措施外，在设计时还应考虑车辆超轴载数值、车辆冲击力、车辆制动力等，适当增加半刚性基层的总厚度，确保路面具有足够的承载力，避免半刚性基层在车辆荷载作用下产生早期荷载型裂缝。

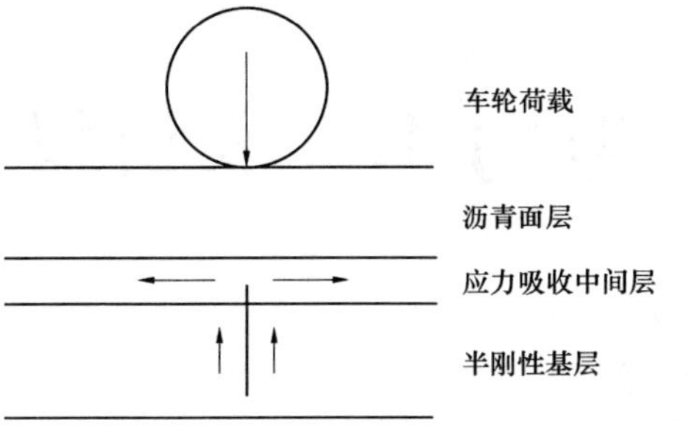

图 2.6　应力吸收中间层延缓反射裂缝的原理

2.5　结束语

高等级公路半刚性基层沥青路面开裂的成因，既有行车荷载方面的因素，又有沥青面层和半刚性基层材料方面的因素，既有设计方面的因素，又有施工方面的因素。对于较厚面层路面，沥青面层自身的温缩裂缝是主要的，考虑到工程造价的因素，我国高等级公路目前沥青面层都较薄，因而怎样减少由半刚性基层温度收缩和干燥收缩产生的反射裂缝和对应裂缝便成为减少整个路面裂缝的关键。实践表明，采用优质的沥青混合料和抗拉强度高且干缩系数、温缩系数小的半刚性基层材料，必要时在半刚性基层与面层之间设置合适的应力吸收中间层，同时保证施工质量对预防高等级公路半刚性基层沥青路面裂缝的产生有较好的效果。

第 3 章 试验方案、原材料及试件制备

3.1 试验研究方案

3.1.1 试验总体安排

由于目前我国高等级公路半刚性基层材料中广泛采用水泥稳定碎石，因而试验中选取水泥稳定碎石为基准半刚性材料。基准混合料中掺加的聚丙烯纤维为江苏丹阳合成纤维厂生产的“C—X”系列“丹强丝”，对于聚丙烯纤维增强普通混凝土来说，聚丙烯纤维的体积掺量一般为 0.1%(相当于 0.9 kg/m^3)。根据对我国高速公路路面结构及半刚性基层应用状况的调查分析，半刚性基层在满足设计强度的前提下，为减少基层收缩裂缝的产生，尽量使用较小的水泥掺量，一般取水泥掺量(质量掺量)为 5%左右。鉴于此，试验中水泥稳定碎石基准配合比 PPS00-5 的水泥掺量采用 5%，当水泥掺量变化时，聚丙烯纤维保持 0.6‰的体积掺量不变。为了体现水泥掺量变化对纤维水泥稳定碎石各种性能的影响，选取了四种水泥掺量(4%, 5%, 6%, 7%)；为了体现聚丙烯纤维掺量对纤维水泥稳定碎石各性能的影响，选取了四种纤维体积掺量(0.4‰, 0.6‰, 0.8‰, 1‰)。另外，为了比较掺加聚丙烯纤维水泥稳定碎石和未掺加聚丙烯纤维水泥稳定碎石的性能，试验还安排了一组不掺聚丙烯纤维的基准配合比，最后确定八组试验配合比。试验总体安排见表 3.1。

表 3.1 试验总体安排

配合比编号	PPS00-5	PPS04-5	PPS06-5	PPS08-5	PPS10-5	PPS06-4	PPS06-6	PPS06-7
纤维掺量(‰)	0	0.4	0.6	0.8	1	0.6	0.6	0.6
水泥掺量(%)	5	5	5	5	5	4	6	7

3.1.2 具体试验内容

根据公路工程无机结合料设计的步骤，在确定配合比之前，必须先确定每组配合比的最大干密度以及最佳含水量，因此首先要进行聚丙烯纤维水泥稳定碎石的击实试验。其他试验项目有：抗压强度试验、劈裂抗拉强度试验、抗压回弹模量试验、抗弯拉强度试验、抗弯拉弹性模量试验、干燥收缩试验、温度收缩试验以及断裂试验。根据试验龄期对各种性能指标影响程度的不同，试验安排了不同的试验龄期，对于基准配合比 PPS00-5 和配合比 PPS06-5 分别选取了四种试验龄期，对其余六个配合比的收缩试验选取两种试验龄期，除收缩试验外的其余试验选取一个试验龄期，具体试验内容见表 3.2。试验中各种试件的成型均采用静力压实法，即按照预定干密度在压力试验机上通过试模上下两个压板对无机结合料的挤压来成型试件，对于抗压强度、抗拉强度和抗压回弹模量有现成的挤压试模，而对于其他试验项目所需的小梁式挤压试模，则需要专门设计制作。

表 3.2　具体试验内容

试验内容	PPS00-5、PPS06-5 龄期	其余配合比龄期	每龄期试件个数	试件规格(mm)	试件总数
抗压强度试验	7 d, 14 d, 28 d, 60 d	28 d	9	150× ϕ150	126
劈裂抗拉强度试验	7 d, 14 d, 28 d, 60 d	28 d	9	150× ϕ150	126
抗压回弹模量试验	7 d, 14 d, 28 d, 60 d	28 d	9	150× ϕ150	126
抗弯拉强度试验	7 d, 14 d, 28 d, 60 d	28 d	3	100×100×400	42
抗弯拉弹性模量试验	7 d, 14 d, 28 d, 60 d	28 d	3	100×100×400	42
干燥收缩试验	3 d, 7 d, 14 d, 28 d	7 d, 28 d	3	100×100×400	60
温度收缩试验	7 d, 14 d, 28 d, 60 d	14 d, 28 d	3	100×100×400	60
断裂试验	14 d, 28 d, 60 d, 90 d	60 d	6	100×100×515	84

3.2　试验原材料

试验所用的主要原材料有聚丙烯纤维、水泥、细骨料、粗骨料。对各种主要原材料，依据相关的规范分别进行了质量检验，其检验情况如下。

3.2.1　聚丙烯纤维

聚丙烯是由丙稀(化学式 CH_3—CH═CH_2)聚合而成的高分子化合物，是一种结构规整的结晶性聚合物，乳白色，无味、无臭、无毒，质轻，是热塑性塑料。聚丙烯材料的密度为 0.90~0.91 g/cm^3，是现有树脂中最轻的一种。聚丙烯不溶于水，耐热性能良好，在 121~160 ℃连续耐热，熔点为 165~170 ℃。聚丙烯是一种非极性的聚合物，有良好的电绝缘性能，介电常数是 2.25，有较好的化学稳定性。聚丙烯几乎不吸水，与大多数化学品，如酸、碱和有机溶剂接触不发生作用。聚丙烯材料物理力学性能良好，抗拉强度 3 341.4 MPa，抗压强度 41.4~55.1 MPa，伸长率 200%~700%，洛式硬度 R88~R110，因此聚丙烯有良好的加工性能[200]。聚丙烯纤维又称丙纶纤维，就其本身的形状和长短有聚丙烯束状单丝纤维、聚丙烯膜裂纤维、聚丙烯网状纤维等。目前，市场上聚丙烯纤维的品牌非常多，有杜拉纤维、“丹强丝”聚丙烯纤维、维克聚丙烯纤维、“纤缘”聚丙烯纤维、强劲聚丙烯纤维等。但是不是所有的聚丙烯纤维都有很好的阻裂效果，要提高水泥稳定碎石混合料的抗裂性能，它必须具备以下几个基本条件：

(1)能够均匀地分散在水泥稳定碎石混合料中，稳定粒料黏结良好；

(2)能够抵抗水泥稳定碎石混合料中高碱性环境，即不受碱的腐蚀；

(3)具有较高的抗拉强度及变形性能；

(4)较低的成本等。

本试验所用的聚丙烯纤维是江苏丹阳合成纤维厂生产的束状单丝聚丙烯短纤维——“C—X”系列“丹强丝”。“丹强丝”是该公司开发的一种特种混凝土/砂浆抗裂抗渗纤维，采用了不等长多种规格共存的方式，将几种不同规格、不同截面的改性聚丙烯纤维按一定比例均匀地混合在一起(见图 3.1)。通过生产工艺的改进，这些不同长度、不同截面的聚丙烯纤维单丝可以很好地同混凝土中不同大小的骨料充分混合，有着极好的和易性及分散效果。“丹强丝”采取了化学及物理改性，并采用了特殊的纤维表面处理技术，有效地提高了与混凝土/砂浆的啮合度和物理接触力，对减少混凝土/砂浆制品的各种塑性收缩、干缩、水化热温度等因素导致的裂缝有很好的防治作用。“丹强丝”束状聚丙烯单丝短纤维的质量检测结果如表 3.3 所示。本书试验中聚丙烯纤维采用“外掺法”，所谓外掺法是指所掺纤维的重量相对于混凝土自身重量而言可以忽略不计，而且聚丙烯纤维增强水泥稳定碎石是机械作用，而不是化学作用，因此其配合比设计不需要对原来设计的水泥稳定碎石配合比做任何改变。

图 3.1　试验所采用的聚丙烯纤维

表 3.3　“丹强丝”束状聚丙烯单丝短纤维质量检测结果

项目	单位	检测结果	项目	单位	检测结果
线密度	dtex	10~20	抗拉强度	MPa	≥450
拉伸极限	%	≤28	抗拉强度(酸)	MPa	≥450
拉伸极限(酸)	%	≤28	抗拉强度(碱)	MPa	≥450
拉伸极限(碱)	%	≤28	弹性模量	MPa	≥4 100
酸性溶解度	%	≤0.2	碱性溶解度	%	≤0.2
含湿度	%	≤0.15	熔点	℃	160~170
密度	g/cm^3	0.91	长度	mm	10~20

3.2.2　试验用水泥

水泥是一种水硬性胶凝材料，它与石灰、石膏、水玻璃等气硬性胶凝材料不同，不仅能在空气中硬化，而且在水中能更好地硬化，并保持和发展其强度，因此水泥是工程建设中用量最大的胶凝材料。文献[201]和文献[202]对于公路工程无机结合料稳定粒料所用水泥做出了一些规定：普通硅酸盐水泥、矿渣硅酸盐水泥和火山灰质硅酸盐水泥都可以用于无机结合料稳定粒料。为使水泥稳定碎石有足够的时间进行拌和、运输、摊铺、整平、碾压等工序，要求水泥的初凝时间、终凝时间不能过短，不应使用快硬水泥、早强水泥以及已受潮变质的水泥。水泥的强度等级宜采用 32.5 级或 42.5 级。

本试验所用水泥为河南鹤壁同力水泥厂生产的 42.5 级普通硅酸盐水泥，根据文献[203]、[204]对水泥强度等级、物理性能进行了质量检测，其检验结果见表 3.4。从表 3.4 中的检测结果可以看出，鹤壁同力水泥厂生产的 42.5 级普通硅酸盐水泥为合格水泥。

表 3.4　水泥检验结果

项目	抗折强度(MPa)		抗压强度(MPa)		凝结时间		标准稠度用水量(%)	安定性
					min	h		
	3 d	28 d	3 d	28 d	初凝	终凝		
标准值	≥3.5	≥6.5	≥16	≥42.5	≥45	≤10	—	合格
检测值	4.7	8	22	47.3	167	4.1	25.8	合格
结论	该水泥所检项目符合文献[203]标准要求							

3.2.3　试验用骨料

对于半刚性基层材料来说，骨料的最大粒径必须有限制。粒径越大，拌和机、平地机和摊铺机等施工机械越容易损坏，混合料越容易产生粗细骨料离析现象，铺筑层的平整度也越难达到高的要求。因此，不少国家常采用骨料的最大粒径为 19~20 mm。但是，最大粒径越小，石料的加工量越大，根据我国当前机械水平，对一般公路路面所用骨料的最大粒径规定得较宽，在实际工程中，应创造条件采用最大粒径较小的骨料。对于一级公路和高速公路等高等级公路，由于对其使用性能要求高和投资大，必须采用最大粒径较小的骨料，以适宜于用机械施工。根据文献[202]，我国高等级公路基层骨料最大粒径不超过 31.5 mm。

本试验所用的碎石级配参考文献[202]的规定，采用了 5 种粒径范围的骨料，每一种粒径范围的骨料均用标准砂石方孔筛筛分而成。对于粒径小于 2.5 mm 的骨料用河砂来代替，各种粒径范围骨料的用量如表 3.5 所示。

表 3.5　骨料组成用量

粒径(mm)	30~20	20~10	10~5	5~2.5	<2.5(砂子)
用量(%)	6	27	28	13	26

3.2.3.1　细骨料

对于水泥稳定碎石来说，细骨料的最好选择是石屑，在实际工程中由于石屑的供应量有限，因此大多选用河砂来代替。为保证稳定粒料的级配，本试验采用河南信阳产河砂代替骨料级配中 2.5 mm 粒径以下的部分。砂子的细度模数为 2.73，含泥量合格。砂子的筛分结果见表 3.6，图 3.2 为细砂的筛分曲线。根据文献[205]和文献[206]对砂料进行了检验，检验结果见表 3.7，从表中可以看出，本次试验用砂各项检验指标均符合文献[205]标准要求。

表 3.6 细砂筛分结果

方孔筛径(mm)	2.36	1.18	0.6	0.3	0.15	0.075	＜0.075
分计筛余(%)	1.07	19.79	43.29	24.74	9.20	0.87	1.04
累计筛余(%)	1.07	20.86	64.15	88.89	98.09	98.96	100

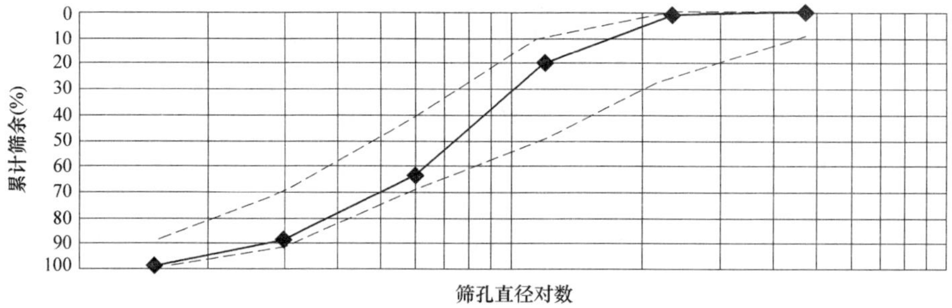

图 3.2 细砂筛分曲线

表 3.7 细骨料各项物理性能检验结果

项目	细度模数	表观密度 (g/cm^3)	面干密度 (g/cm^3)	干松密度 (g/cm^3)	孔隙率 (%)	含泥量 (%)
检测值	2.73	2.63	2.6	1.5	44	0.8
标准值	＞2.3	＞2.5	—	＞1.35	＜47	＜3.0
项目	坚固性(%)	三氧化硫 (%)	云母含量 (%)	有机质含量(%)	轻物质含量 (%)	碱集料反应
检测值	1.0	0.1	0.06	浅于标准色	0.07	合格
标准值	＜8	＜0.5	＜2.0	浅于标准色	＜1.0	合格
结论	根据文献[205]所检项目符合要求					

3.2.3.2 粗骨料

粒径大于 5 mm 的骨料称为粗骨料，粗骨料中的有害杂质主要有黏土、淤泥及细屑、硫化物及硫酸盐、有机质等。它们的存在除会大大降低水泥稳定碎石的强度及耐久性外，还会增大半刚性基层的干缩性，故对以上杂质的含量在混凝土中要严格限制。用做半刚性基层材料的粗骨料，应密实坚硬，故要求骨料的视密度较大、吸水率较小，并有较高的强度，粗骨料的强度可采用压碎值指标来衡量。粗骨料的颗粒形状，以近于球形或立方体形最好，针片状含量多时，将增大骨料的孔隙率，且受力后易于折断，故要求用于水泥稳定碎石的粗骨料的针片状颗粒含量不能太高。

粗骨料通常有天然级配及人工级配两种级配方法，天然级配是将开采的卵石或破碎的碎石不经筛分直接使用;而人工级配是先将卵石或碎石按颗粒大小筛分成若干粒径级，分别堆放，再按一定的比例配合后使用。粗骨料的级配又可分为连续级配和间断级配，连续级配是石子粒级呈连续性，即颗粒由小到大，每级石子占一定比例。用连续级配的骨料配制的混合料和易性较好，不易产生离析现象。此种级配是目前最常用的。间断级配是人为地剔除骨料中某些粒级颗粒，从而使骨料级配不连续，大骨料孔隙由小几倍的小粒径颗粒填充，降低石子的孔隙率。由间断级配配制成的混合料，可以节约水泥。但由于颗粒粒径相差太大，容易产生离析现象，导致施工困难。本试验采用连续级配碎石，级配参考文献[202]规定的高等级公路基层水泥稳定类材料骨料级配范围的中值。

本次试验所用的粗骨料由河南省某高速公路工程所用碎石筛分而成，根据文献[206]和文献[207]对石料进行检验，检验结果见表 3.8。

表 3.8　粗骨料各项物理性能检验结果

项目	干松密度(g/cm^3)	面干密度(g/cm^3)	表观密度(g/cm^3)	孔隙率(%)	面干吸水率(%)
检测值	1.45	2.69	2.73	44.8	0.26
标准值	＞1.35	—	＞2.5	＜47	—
项目	针片状含量(%)	三氧化硫(%)	坚固性(%)	压碎指标	含泥量(%)
检测值	8.7	0.17	2.5	16.4	0.85
标准值	＜15	＜1.0	＜8	＜20	＜1.0
备注	标准值指文献[207]中所规定的值				

由表 3.8 可以看出，本次试验所用粗骨料各项检验指标均符合文献[207]标准要求。根据文献[206]对粗骨料进行颗粒筛分，筛分的结果见表 3.9，骨料的筛分曲线见图 3.3。级配曲线中实线表示本试验所采用的级配，采用级配曲线中实线上、下的两条虚线表示规范规定的我国高等级公路半刚性基层沥青路面基层稳定粒料骨料应采用的级配上限和下限。

表 3.9　粗骨料筛分结果

方筛孔尺寸(mm)	分计筛余(%)	累计筛余(%)	通过百分率(%)	规范级配范围(%)	规范中值(%)
31.5	0	0	100	100	100
19	5.7	5.7	94.3	88~99	93.5
9.5	26.66	32.36	67.64	57~77	67
4.75	25.68	58.04	41.96	29~49	39
2.36	15.06	73.1	26.9	17~35	26
0.6	17.22	90.32	9.68	8~22	15
0.075	9.42	99.74	0.26	0~7	3.5

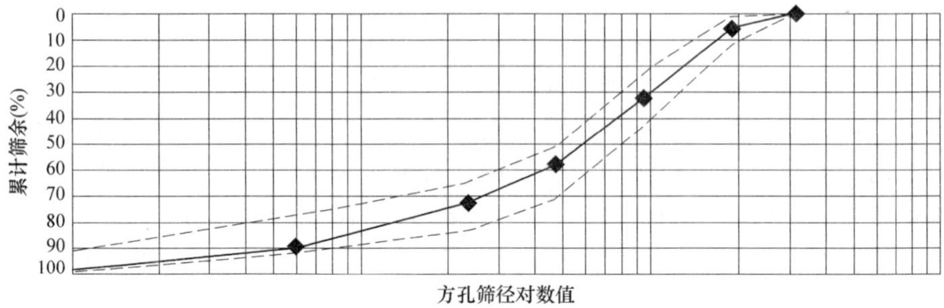

图 3.3　骨料筛分曲线

3.3　试件的制备

3.3.1　击实试验

稳定粒料的室内标准击实试验是确定半刚性基层配合比的一项非常重要的试验，它的目的就是保证在设计最大干密度的前提下，确定稳定粒料的最佳含水量，从而确定试验的配合比。在同一击实功的作用下，基层稳定粒料在不同含水量时得到不同的干密度，当含水量较小时，随着含水量的增加，击实后稳定粒料的干密度不断增加，但含水量较高时，随着含水量的增加，击实后稳定粒料的干密度反而降低。试验方法就是取五到六份的稳定材料根据不同的用水量配制试样，然后按照规定的击实功分别进行试筒内的击实、称重并测定含水量，得出不同的干密度。在含水量—干密度坐标系上绘出各个对应点，连成圆滑的曲线，曲线的峰值点对应的含水量及干密度即为最佳含水量(ω_0)及最大干密度(ρ_d)。试验的配合比确定后，就可以根据具体试验所需要的混合料用量进行试样拌制，并进行试件的成型。

无机结合料稳定粒料的击实试验根据骨料的最大粒径分别由轻到重依次分为甲、乙、丙三种击实标准(见表 3.10)，本试验中水泥稳定碎石所采用的骨料级配最大粒径是 31.5 mm，根据文献[208]，采用丙种击实标准，即重型击实。击实试验方法可以分为人工击实和标准电动击实仪击实，由于人工击实时，难以保证每次锤击的高度一致，即难以保持每次的击实功不变，而且锤击的频率也不容易保持不变，锤击在筒内的落点随意性大，这些都对试验结果会产生误差，因而本次试验采用 TDJ-Ⅲ型多功能电动击实仪(见图 3.4)。

表 3.10　击实试验击实标准

类别	锤的质量(kg)	锤击面直径(cm)	落高(cm)	试筒尺寸			锤击层数	每层锤击次数	平均单位击实功(J)	容许最大粒径(mm)
				内径(cm)	高(cm)	容积(cm^3)				
甲	4.5	5.0	45	10	12.7	997	5	27	2.687	25
乙	4.5	5.0	45	15.2	12.0	2 177	5	59	2.687	25
丙	4.5	5.0	45	15.2	12.0	2 177	3	98	2.677	40

图 3.4　TDJ–Ⅲ型多功能电动击实仪

每个配合比取五个预定含水量，即 3.5%、4.5%、5.5%、6.5%、7.5%。由于骨料和水泥均为干燥状态，故不考虑它们的含水量。聚丙烯纤维以干拌的形式掺入，即在加入水和水泥之前掺入纤维，如果加水后再加入纤维，容易使纤维呈绺状，不利于纤维的分散。试样拌和后应在 1 h 内完成击实试验。试样击实完毕后，用刮土刀沿击实套环内壁削挖(使试样与套环脱离)，扭动并取下套环。齐筒顶细心刮平试样，并拆除底板。如果试样底面略突出筒外或有孔洞，则应细心刮平或修补，最后用工字型刮平尺齐筒顶和筒底将试样刮平。应注意的是，由于水泥稳定碎石不同于稳定土，试样里面有粗骨料，因而在刮平试样上、下底面时，如果刮出了粒径大的石子，此时则用刮下的细料填补上，并用橡胶锤击实。擦净试筒外壁并称其质量，然后用 DTM-2 型电动多功能脱模器将试样从筒内推出，如图 3.5 所示。以每个配合比击实试样五个含水量为横坐标，以各自对应的干密度为纵坐标，在坐标纸上绘出干密度与含水量的关系曲线，该曲线称为击实曲线，一般呈驼峰状，驼峰状曲线顶点的纵、横坐标分别为水泥稳定碎石的最大干密度和最佳含水量。由击实曲线图可以求得各配合比的最大干密度和最佳含水量，如表 3.11 所示。

图 3.5　击实试样的脱模

表 3.11 各配合比的最大干密度和最佳含水量

配合比编号	PPS00-5	PPS04-5	PPS06-5	PPS08-5	PPS10-5	PPS06-4	PPS06-6	PPS06-7
最大干密度 ρ_d (g/cm^3)	2.29	2.31	2.31	2.29	2.32	2.28	2.33	2.36
最佳含水量 ω_0(%)	5.52	5.62	5.72	5.61	5.58	5.51	5.57	6.12

3.3.2 试件制备方法

采用击实的方法确定水泥稳定碎石最佳含水量和最大干密度时，重型击实标准压实功相当于 12~15 t 的静力压路机的碾压效果，根据击实试验结果确定试验所采用的配合比如表 3.12 所示。击实法是在室内通过施加冲击荷载对被压材料进行压实，与现场压路机相比，作用过程虽不尽相同，但在压实过程中通过材料产生剪应力使之压实这一效果是相似的。与击实法确定压实标准相应的试件成型方法是静力压实法，静力压实成型试件的方法与静力压路机的滚压机理是基本相同的[204]。本试验中，各种试件的成型均采用静力压实法，也叫挤压成型法，将纤维水泥稳定碎石按照预定的干密度装进试模内，通过压力试验机挤压上下两垫块来得到成型试块。

表 3.12 试验配合比

配合比编号	纤维掺量(‰)	水泥掺量(%)	用水量(%)	粗骨料：细骨料
PPS00-5	0	5	5.52	74：26
PPS04-5	0.4	5	5.62	74：26
PPS06-5	0.6	5	5.72	74：26
PPS08-5	0.8	5	5.61	74：26
PPS10-5	1	5	5.58	74：26
PPS06-4	0.6	4	5.51	74：26
PPS06-6	0.6	6	5.57	74：26
PPS06-7	0.6	7	6.12	74：26

根据本次试验所采用的骨料级配和文献[208]的规定，聚丙烯纤维水泥稳定碎石无侧限抗压强度试验、劈裂抗拉强度试验和抗压回弹模量试验中均采用 150 mm× ϕ 150 mm 的试件；参考文献[209]，抗弯拉强度试验、抗弯拉弹性模量试验、温度收缩试验和干燥收缩试验均采用 100 mm×100 mm×400 mm 的小梁试件；对于水泥稳定碎石的断裂试验来说，由于目前没有相关的研究资料，因而参照普通混凝土的断裂试验采用 100 mm×100 mm×515 mm 的梁式试件。对于圆柱体试件，采用公路工程专用的钢制试模，试模套筒的尺寸为：

内径 150 mm、高 230 mm、壁厚 12 mm，试模内上下垫板尺寸为：直径 150 mm、高 40 mm。对于梁式试件，目前所用的混凝土试模均为铸铁试模，难以承受试件成型时的挤压应力，故采用自行设计加工的钢制试模，四个侧面的连接采用焊接的方式，两端各加一个高强拉杆，以防混合料的膨胀应力将两侧板拉开(见图 3.6)。对于 100 mm×100 mm×400 mm 的试件，侧壁钢板高 140 mm、厚 15 mm，上下垫板厚 20 mm；对于 100 mm×100 mm×515 mm 的试件，侧壁钢板高 160 mm、厚 20 mm，上下垫板厚 30 mm。

图 3.6　梁式钢制挤压试模

3.3.3　试件制备过程

在试料拌和、试件制作前要先根据配合比计算各种原材料所需要的用量，首先要计算一个试件所需的混合料质量，可按照式(3.1)计算

$$m = v\rho_d k(1+0.01\omega_0) \tag{3.1}$$

式中：m 为每个试件所需混合料质量，g；v 为每个试件的体积，cm^3；ρ_d 为试样的最大干密度，g/cm^3；k 为压实度，本试验取为 98%；ω_0 为试样的最佳含水量(%)。

根据一个试件所需的混合料用量，再考虑拌制时所需一定的富余量，估计一个试件所需骨料质量，以此可分别按式(3.2)~式(3.4)计算各材料用量，其中水泥的掺入量按内掺法计算

$$m_c = m_a \times 0.01M_c /(1-0.01M_c) \tag{3.2}$$

$$m_w = (m_c + m_a)\times 0.01\omega_0 \tag{3.3}$$

$$m_f = (m_a + m_c + m_w)\times 0.001M_f \tag{3.4}$$

式中：m_c 为每个试件所需水泥质量，g；M_c 为水泥的质量掺量(%)；m_a、m_w 分别为每个试件所需骨料和水的质量，g；ω_0 为试样的最佳含水量(%)；m_f 为每个试件所需聚丙烯纤维的质量，g；M_f 为聚丙烯纤维的质量掺量(‰)。

聚丙烯纤维体积掺量和质量掺量的对应关系如表 3.13 所示。

表 3.13　聚丙烯纤维体积掺量与质量掺量对照

体积掺量 V_f(‰)	0.4	0.6	0.8	1.0
质量掺量 M_f(‰)	0.152	0.228	0.304	0.38

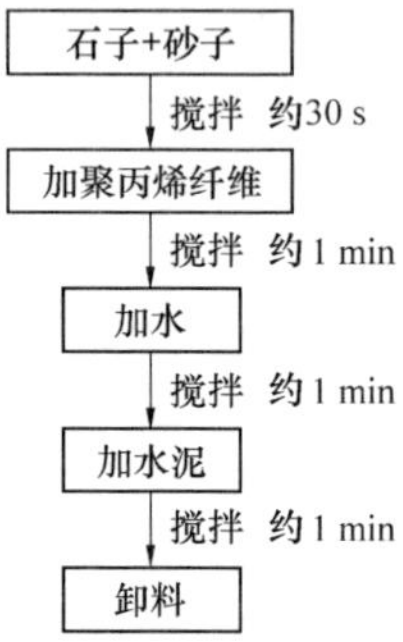

图 3.7　聚丙烯纤维水泥稳定碎石搅拌流程

按照计算的原材料用量进行称量和混合料的拌制。搅拌的工艺不同会影响聚丙烯纤维水泥稳定碎石的性能，搅拌方式、投料顺序、搅拌时间都会对纤维的增强效果产生很大影响。聚丙烯纤维水泥稳定碎石由于纤维的加入，而且拌和用水量较小，为保证稳定粒料的均匀性、质量以及纤维能均匀地分散开，应使用强制式搅拌机搅拌。掺加聚丙烯纤维后水泥稳定碎石的搅拌时间只需比普通水泥稳定碎石的搅拌时间延长 30~50 s 即可。本试验采用的聚丙烯纤维水泥稳定碎石搅拌流程如图 3.7 所示。

将试模的下垫板放入试模的下部(试模的内壁及上、下垫板的底面应事先涂一薄层机油)，要外露 1~2 cm，按式(3.1)称取一个试件所需混合料质量，分三层装入试模，并用夯棒轻轻均匀插实，如图 3.8、图 3.9 所示。在对梁式试件进行装料时，特别是断裂试件，特别要注意尽量保持装料的均匀，否则，当压力机挤压试模上、下垫板时，垫板容易产生翘曲。

将试模的下垫板放入试模后，把装好试料的试模套筒连同上、下垫板一起放于压力机上、下压板之间，调整试模位置，使试模位于压板正中间。打开压力机，进行缓慢加压，加压的速度控制在 1~2 kN/s，如图 3.10、图 3.11 所示。由于所用的压力试验机顶板活动量程为 2 cm，而试件在被挤压时，试模上、下垫板活动的距离不止 2 cm，因此要进行两次加压。第一次加压值快接近压力机顶板活动量程时，打开回油阀，进行卸压，然后转动压力机上压板手柄将上压板接触到试模的上垫板，再打开送油阀进行加压，直到上、下压板都压入试模为止，维持压力 1 min，然后解除压力，取下试模。

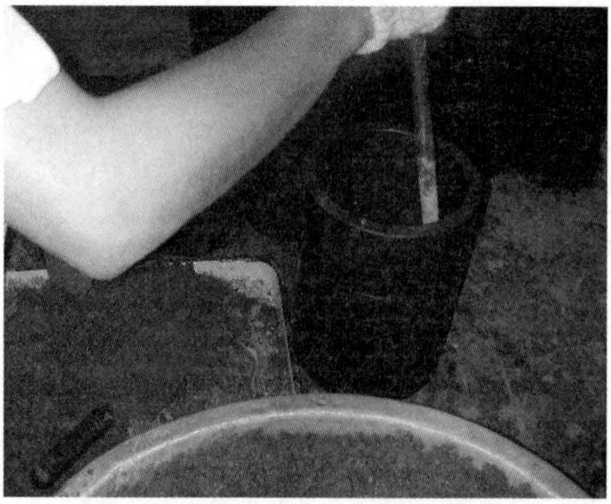

图 3.8　圆柱体试件的装料

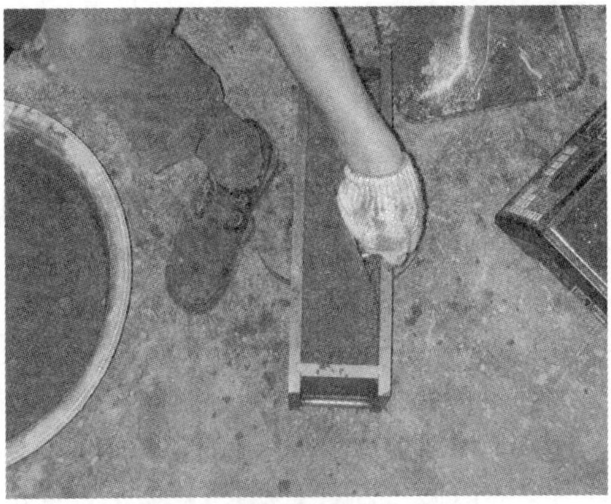

图 3.9　梁式试件的装料

图 3.10　圆柱体试件的成型

图 3.11　梁式试件的成型

试模从压力机上取下后，将上压板拿去，准备脱模。由于纤维水泥稳定碎石没有无机结合料稳定土的黏结性好，如果试件刚挤压成型好就进行脱模，在脱模过程中试件容易破坏，因而要放置 4~5 h 后再进行脱模。对于圆柱体试件来说，可以利用电动脱模器脱模，而对于梁式试件来说，由于试件本身比较长，而脱模器的顶板很小，因此试件从试模内被顶出时，试件受力不平衡，试件两端不是同时被顶出的，试件会被折断。经过反复试验，梁式试件可在液压式万能试验机上进行脱模，试件的脱模见图 3.12 和图 3.13。在压力试验机的平台的正中间放置截面与试件相同的钢制垫块，其厚度要保证垫块能将试件顶出试模。将试模连同下垫板一起放置在垫块上面，调整试模及垫块的位置，使之各个方向均对齐。由于垫块要进入试模内将试件顶出，而垫块刚好能进入试模，因此稍微有一点对不齐，垫块就不能进入试模内，梁式试件脱模的关键就是要使垫块和试件严格对齐。在试模的两侧壁上面正中间部位放置两块薄钢板，放置的位置一定要保证试件被顶出过程中不至于碰到薄钢板。调整压力机上压板，使上压板接近试模侧壁上的薄钢板，然后给试验机送油加压，加压时为保障试件不受损，要严格控制加压速率不能太快。试件脱模后用塑料薄膜包覆，立即放入养护室中进行养护，养护 24 h 后可以将塑料薄膜取下。养护的温度为 20 ℃，相对湿度为 96%，采用 FHBS-60 型标准养护室全自动控温控湿设备进行温湿控制。

图 3.12　圆柱体试件的脱模

图 3.13　梁式试件的脱模

3.4　结束语

聚丙烯纤维水泥稳定碎石混合料在击实试验以及试件成型中的拌和与普通半刚性基层材料的拌和所不同的是，在拌和过程中要掺加聚丙烯纤维，掺加的工艺对聚丙烯纤维的分散有很大影响，试验表明，采用干掺法能使纤维有效地均匀分散开。由于半刚性材料所具有的特性，其成型的方法与试模不同于普通混凝土，特别是梁式试件，在保证预定压实度的前提下通过挤压来成型，对试模的要求比较高，试件的成型与脱模难度都比较大。实际情况表明，本试验中自行设计的钢制梁式试模以及脱模的方法能较好地满足试验中对试件的要求。

第 4 章　聚丙烯纤维水泥稳定碎石基本力学性能试验研究

4.1 引　言

由于我国目前交通量增长很快，重载卡车数量显著增加，超载车辆比较普遍，柔性基层满足不了强度要求，因而我国高等级公路越来越多地选用半刚性材料，特别是水泥稳定碎石材料作为基层材料，其中最主要的一个原因就是其具有较高的强度和刚度。回弹模量是高等级公路沥青路面各类半刚性基层的一个重要的材料性能参数。回弹模量类似于弹性模量，其按基本弹性理论定义为：施加于试件的重复应力峰值与试件相应方向回弹应变峰值之比。由于重复应力峰值与回弹应变峰值并不同步，所以回弹模量仅是个近似意义上的概念[210]。路面材料的弹性模量分为动态弹性模量和静态弹性模量，目前我国使用的抗压回弹模量相当于国外的静态回弹模量。在高等级公路中所用水泥稳定碎石基层的强度和回弹模量一般都比较高，其 7 d 抗压强度一般都在 3~7 MPa 以上，其 7 d 静压回弹模量一般都在 1 000 MPa 以上。在实际工程中，很多建设单位和施工单位盲目追求水泥稳定碎石的强度，一些工程完工后的水泥稳定碎石基层从外观上看与水泥混凝土路面相似，7 d 钻芯取样的抗压强度甚至达到了 9 MPa 以上[211]。提高基层的强度固然可以提高路面承受荷载的能力，但是，随着基层强度的提高，其回弹模量也将增加，众所周知，回弹模量的增加意味着基层材料的抗变形的能力将会减小，在荷载及环境因素等作用下就容易产生裂缝。因而，水泥稳定碎石基层的设计中，在满足路面强度和刚度要求的前提下应尽量采用较低的强度。如果能够采取措施在保持基层材料强度不下降的同时，能够降低其回弹模量，或者能保持回弹模量不增加，这将对水泥稳定碎石材料抵抗开裂是有益的。

抗弯拉强度和抗弯拉弹性模量是混凝土路面的主要质量指标，在相同的板厚下，抗弯拉强度越高，能承受的轴载次数越多。对于我国高等级公路半刚性基层沥青路面来说，半刚性基层材料的抗弯拉强度虽然不是一个必要的设计参数，但随着我国交通运输业的发展，超重车的轴载和数量都不断增加，再加上目前高等级公路半刚性基层强度普遍偏高，在行车荷载和环境因素作用下，很容易发生纵向、横向或斜向的断裂破坏。水泥稳定碎石基层在沥青面层下面，承受着由面层传递来的行车荷载作用，此外还承受着基层材料温度收缩和干燥收缩的共同作用，基层底面所产生的弯拉应力和应变是引起水泥稳定碎石基层断裂、破坏的主要原因。多年来的实践表明，虽然现行路面设计规范中规定对高等级公路的路面应进行弯拉应力检验，并提供了材料抗弯拉强度的测试方法，但由于半刚性基层材料的抗弯拉强度试验复杂，一般测试和施工单位难以实施。近 20 年来的试验研究表明，半刚性材料的抗弯拉强度、劈裂抗拉强度与抗压强度之间互有较好的关系，而后两种强度的试验却简单易行，因此多年前就有人建议在进行弯拉应力检验时，利用劈裂抗拉强度与抗弯拉强度间的关系，用劈裂抗拉强度试验代替抗弯拉强度试验[212]。根据文献[213]的研究结果，在合理评价半刚性基层材料抗裂性能时，抗弯拉强度和抗弯拉弹性模量是非常重要的技术指标，是不能用劈裂抗拉强度和抗压回弹模量来代替的。提高半刚性材料的抗弯拉强度，并适当降低抗弯拉弹性模量对于延长沥青路面的使用寿命有重大意义。

本章在做了大量试验的基础上，对聚丙烯纤维增强水泥稳定碎石的无侧限抗压强度、劈裂抗拉强度、静压回弹模量、抗弯拉强度和抗弯拉弹性模量进行了研究，分析了试验龄期、聚丙烯纤维掺量、水泥掺量等对聚丙烯纤维水泥稳定碎石各基本力学性能指标的影响。

4.2　基本力学性能试验方法

4.2.1　抗压强度试验方法

测试聚丙烯纤维水泥稳定碎石无侧限抗压强度的试件尺寸为 150 mm× ϕ 150 mm，圆柱体，配合比 PPS00-5 和 PPS06-5 各成型 4 组，分别用于测试其 7 d、14 d、28 d、60 d 抗压强度，其他六个配合比各成型 1 组，用于测试其 28 d 抗压强度，每组 9 个试件。聚丙烯纤维水泥稳定碎石抗压强度试验可遵循文献[208]进行，由于水泥稳定碎石的强度比普通混凝土的强度小得多，而又比无机结合料稳定土类的强度高得多，因而要选择合适的压力试验机，并且选择合适的量程，本试验中选用 WE-600B 型液压式万能试验机，其测量量程选择 300 kN。抗压强度试件养生期的最后一天，应该将其浸泡在水中，水的深度应使水面在试件顶上约 2.5 cm。试验前，将已浸水一昼夜的试件从水中取出，用软的旧布吸去试件表面的可见自由水，将试件放到试验机升降台带扁球座的垫板上，进行抗压试验，如图 4.1 所示。加荷时应注意加荷速度，对于水泥稳定碎石的抗压试件来说，加压速度取为 0.1~0.2 kN/s。以 9 个试件测值的平均值作为该组试件的抗压强度试验结果。

图 4.1　抗压强度试验装置

聚丙烯纤维水泥稳定碎石抗压强度的求解可以按下式计算

$$R_c = \frac{P}{A} = \frac{4P}{\pi D^2} = 0.000\,057P \tag{4.1}$$

式中：R_c 为聚丙烯纤维水泥稳定碎石抗压强度，MPa；P 为试件破坏时的最大压力，N；A 为试件的截面积，mm^2；D 为试件的直径，mm。

4.2.2　抗拉强度试验方法

聚丙烯纤维水泥稳定碎石的抗拉强度采用径向劈裂法测试，抗拉强度试件的尺寸与抗压强度试件一样，为 150 mm× ϕ 150 mm，圆柱体。各个配合比的试验龄期以及每组试件的个数都和抗压强度一样。聚丙烯纤维水泥稳定碎石劈裂抗拉强度试验可按文献[208]进行，劈裂抗拉强度一般为抗压强度的 1/13~1/10，因而试验中选用 WE-600B 型液压式万能试验机的测量量程为 120 kN。无机结合料的劈裂抗拉强度试验对不同种类粒料的试件采取不同的试验方法，即加劈裂压条和不加劈裂压条两种方法。根据文献[208]，对于龄期不到三个月的无机结合料稳定土类试件，严格来说还不能算半刚性材料，在试验时试件的上下顶面要各放一根压条，压条采用半径与试件半径相同的弧面压条，其长度应大于试件的高度，各种尺寸试件对应的压条尺寸可参看文献[208]。由于水泥稳定碎石与水泥稳定土相比刚度大得多,试件上下顶面与压力机压板的接触可以近似认为是线接触，可以不用压条。抗拉强度试件在试验前，也要浸水一昼夜，将擦拭过水的试件横放到试验机升降台带扁球座的垫板上，进行劈裂抗拉强度试验，如图 4.2 所示。加荷时应注意加荷速度，对于水泥稳定碎石的抗拉试件来说，加压速度取为 0.1~0.2 kN/s，以 9 个试件测值的平均值作为该组试件的抗拉强度试验结果。

图 4.2　劈裂抗拉强度试验装置

聚丙烯纤维水泥稳定碎石劈裂抗拉强度的求解可以按下式计算

$$R_i = \frac{2P}{\pi d H} = 0.004\ 244 \frac{P}{H} \tag{4.2}$$

式中：R_i 为聚丙烯纤维水泥稳定碎石劈裂抗拉强度，MPa；P 为试件破坏时的最大压力，N；H 为浸水后试件的高度，mm；d 为试件的直径，mm。

4.2.3　回弹模量试验方法

半刚性基层材料室内回弹模量试验由于测量荷载作用下的形变方法不同，区分为顶面法、粘贴法、夹具法、电测法和室内承载板法等。由于试验方法和试验条件不同，对于同一种半刚性材料测得的回弹模量值相差很大，电测法测得的值一般最大，夹具法居中，顶面法最小，可能相差近 10 倍，因此同一试验中要统一回弹模量的试验方法[214]。测试回弹模量的诸方法，除承载板法外，都是将圆柱体试件直立在刚性金属底座(施加荷载的仪器的底座或升降台)上，在试件顶面放一块刚性平面金属传力圆形顶板，底座和顶板的直径均须大于试件的直径，在顶板上进行逐级加载和卸载。由于使用了不同方法测量加载及卸载时试件所产生的形变，才又区分了几种不同试验方法。所谓顶面法，就是直接在顶板上安置千分表测量整个试件在加载及卸载时的形变。

本试验中聚丙烯纤维水泥稳定碎石的回弹模量测试采用顶面法。试件尺寸为 150 mm×ϕ150 mm，圆柱体，各个配合比的试验龄期以及每组试件的个数都和抗压强度一样，试验中万能试验机的测量量程选择 300 kN。当试件达到养生龄期时，将已浸水一昼夜的试件从水中取出，用软的旧布吸去试件表面的可见自由水，将试件放到试验机加载底板上。在试件顶面稀撒一层粒径为 0.25~0.5 mm 的细砂，并手压加载顶板在试件顶面加压旋转，使细砂填补表面微观的不平整处，并使多余的砂流出，以增加顶板与试件的接触面积(对于顶面极端不平的试件，在浸泡前两个端面应用水泥净浆彻底抹平，试件整平后放置 8 h 再进行浸泡)。将装有千分表的磁性表架固定在试验台上试件对称的两侧，使千分表测端与试验机加载顶板接触，如图 4.3 所示。

图 4.3　抗压回弹模量试验装置

先用拟施加的最大荷载的一半进行两次“加荷—卸荷”的预压试验，使加载顶板与试件表面紧密接触。将预定的单位压力分成 5~6 等份，作为每次施加的压力值，实际施加的荷载应较预定级数增加一级。施加第一级荷载，待荷载作用达 1 min 时，记录千分表的读数，同时卸去荷载，让试件的弹性形变恢复，到 0.5 min 时记录千分表的读数。如此逐级进行循环加载、卸载，直至记录下最后一级荷载下的回弹形变。加压速度取为 1~2 kN/min，以 9 个试件测值的平均值作为该组试件的抗压回弹模量试验结果。聚丙烯纤维水泥稳定碎石抗压回弹模量的求解可以按下式计算

$$E = \frac{pH}{l} \tag{4.3}$$

式中：E 为聚丙烯纤维水泥稳定碎石抗压回弹模量，MPa；p 为单位压力，MPa；H 为试件的高度，mm；l 为试件的回弹形变(千分表加荷时读数与卸荷时读数的差)，mm。

4.2.4　抗弯拉强度试验方法

半刚性基层材料不同于普通混凝土，其抗弯拉试验，特别是抗弯拉弹性模量试验，由于水泥稳定碎石表面很不平滑，不适宜采用应变片测试其变形，故具有一定的难度。到目前为止，这方面的研究资料不多，仅有文献[5]、[29]、[163]、[209]对半刚性基层材料的抗弯拉试验进行过相应的研究，而对于聚丙烯纤维增强水泥稳定碎石，目前尚未发现有相关的研究资料。对半刚性基层材料的抗弯拉试验，目前还没有相应的规范方法，上述文献中抗弯拉试验也是参考混凝土的试验规程进行的。因此，本书在现有混凝土抗弯拉试验方法的基础上，通过大量试验，探究适合半刚性基层材料的抗弯拉试验方法。

测试聚丙烯纤维水泥稳定碎石抗弯拉强度采用尺寸为 100 mm×100 mm×400 mm 的小梁试件。配合比 PPS00-5 和 PPS06-5 各成型 4 组，分别用于测试其 7 d、14 d、28 d、60 d 抗弯拉强度，其他 6 个配合比各成型 1 组，用于测试其 28 d 抗弯拉强度，每组 3 个试件。试件均以最佳含水量、最大干密度和 98%的压实度静压成型。试验中选用 NYL-300C 型抗弯拉试验机，其测量量程范围为 0~60 kN，采用三分点加载法(即三分点处双点加荷和三点自由支撑)，高跨比为 1∶3，承压板支距 100 mm，跨距 300 mm。试验装置示意图如图 4.4 所示。

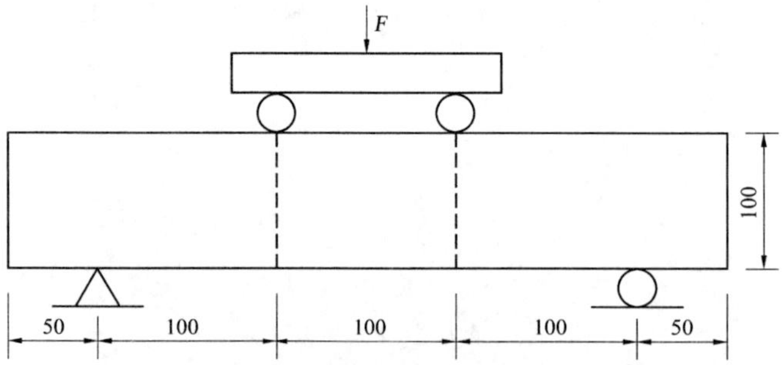

图 4.4　抗弯拉强度试验示意图　(单位：mm)

将试件成型时的侧面作为荷载支撑面，安装在支座上(见图 4.5)，并检查支座及压头位置，使所有间距都保证其尺寸。试件对中后，打开试验机，使试验机上压板缓缓下降，等两圆辊即将接触到试件顶面时，再次调整试块位置，调整压头与支座，使接触均衡。对试件进行连续、缓慢、均匀加载。当试件临近破坏、变形速度增大时，停止调整试验机油门，直至试件破坏，记下最大荷载并观察试件的破坏位置。三分点加荷时，最大弯矩发生在两加荷点之间，其破坏断面随机地发生在此区间最薄弱的部位。采用这种加荷方法，在两个集中荷载之间的区段没有剪力，形成纯弯段，弯矩保持不变。根据纯弯段梁断面内应力分布计算的三个基本假设[215]如下：

(1)中性轴上、下的压应变和拉应变为线性变化；

(2)中性轴上、下的压应力和拉应力为线性变化；

(3)拉伸弹性模量等于压缩弹性模量。

由此可得抗弯拉强度的计算公式为[216]

$$f_f = \frac{FL}{bh^2} \tag{4.4}$$

式中：f_f 为聚丙烯纤维水泥稳定碎石抗弯拉强度，MPa；F 为试件破坏时的最大荷载，N；L 为支座间距离，mm；b 为试件截面宽度，mm；h 为试件截面高度，mm。

图 4.5　抗弯拉强度试验装置

若试件的折断面位于两个集中荷载外(以受拉区为准)，则试件的试验结果无效。一组试验中若有一个试件的试验结果无效，则聚丙烯纤维水泥稳定碎石的抗折强度按另两个试件的试验结果计算。若另两个测值的差值不大于这两个测值较小值的 15%，则该组试件的抗折强度取这两个测值的平均值作为试验结果。若有两个试件的试验结果无效，则该组试验的结果无效，须重新做一组试件。抗折强度计算精确至 0.01 MPa，由于本试验采用的是非标准小梁试件，所以计算结果应乘以尺寸换算系数 0.85 即得抗折强度实际值。

4.2.5　抗弯拉弹性模量试验方法

与测试抗弯拉强度一样，测试聚丙烯纤维水泥稳定碎石抗弯拉弹性模量同样采用尺寸为 100 mm×100 mm×400 mm 的小梁试件。试件成型方式以及龄期、配合比的安排与所采用的试验机均同抗弯拉强度一样。抗弯拉弹性模量可以通过直接或间接的方法测得，本次试验采用间接的方法。荷载的加载方式仍采用三分点加载法，测定压头两端两个加力点的分级挠度。试件的放置以及加载示意图也可以参看图 4.4。

试验中采用千分表测量梁式试件的跨中挠度，千分表通过一根角铁固定在试件的侧面，如图 4.6 所示。待试件侧面晾干以后，试件侧面两端分别用 502 胶水粘上两个特制的螺栓(螺栓的顶帽比较大，以增大与试件之间的黏结面积)，角铁两头侧壁均有一个圆孔，可以使角铁挂套在螺栓上，千分表固定在角铁中间部位(角铁上顶面中间部位也有一个圆孔，用 502 胶水将千分表粘牢)，在试件侧面下方中间部位粘贴一个 L 形光滑小铁片，要注意保证千分表留有一定的测量量程，试验时，千分表测试端头顶在小铁片上。

图 4.6　抗弯拉弹性模量试验

将试件放置在试验机的支座上，开始试验，其具体的步骤如下：

(1)将试件成型时的侧面朝上，将装有千分表的角铁表架装在试件上，调整千分表测量端头的位置，以使其刚好在跨中。调整试验机压头及支座，使之垂直于试件的中线且无偏心加载情况。然后缓缓加上一定的压力，停机检查支座等各接缝处有无空隙(必要时需加金属薄垫片)，应确保试件不能扭动。

(2)取抗弯拉极限荷载平均值的 50%为抗弯拉弹性模量试验的荷载标准(即 $F_{0.5}$)，进行 5 次加卸荷载循环，由一定压力起，以一定速度(本试验为 1 kN/min)加荷，至 F_0 处持荷约 60 s，记下千分表读数 $\varDelta_0$ 为此时的挠度值，而后继续加荷至 $F_{0.5}$ 并持荷约 60 s，记下千分表读数 $\varDelta_{0.5}$ 为此时的挠度值。然后，再以同样的速度卸荷至初始压力，持荷约 60 s，为第一次循环。

(3)同第一次循环一样，共进行 5 次循环，取第五次循环的挠度值为准。若最后两次循环挠度值相差大于 0.5 μm，需进行重复试验，直至相邻两次循环挠度增量之差符合上述要求，取最后一次挠度值为准。

(4)当最后一次加荷完毕，检查各测值无误后，立即卸掉千分表，继续以同样的加荷速度加荷至试件折断，记录极限荷载和折断位置，并计算抗弯拉强度值。若折断面在三分点之外，则此根试件试验结果无效，若有两根试件结果无效，则该组试验作废。

由简支梁三分点加载的跨中挠度公式反推出聚丙烯纤维水泥稳定碎石抗弯拉弹性模量计算公式为

$$E_f = \frac{23L^3(F_{0.5} - F_0)}{1\,296J\left|\varDelta_{0.5} - \varDelta_0\right|} \tag{4.5}$$

$$J = \frac{bh^3}{12} \tag{4.6}$$

式中：E_f 为聚丙烯纤维水泥稳定碎石抗弯拉弹性模量，MPa；$F_{0.5}$、F_0 分别为终荷载及初荷载，N；$\varDelta_{0.5}$、$\varDelta_0$ 分别为对应荷载为 $P_{0.5}$ 及 P_0 时千分表的读数，mm；L 为试件底部两个支座间距离(本试验为 350 mm)；J 为试件断面转动惯量，mm^4；h 为试件的高度，mm；b 为试件的宽度，mm。

4.3　试验结果与分析

4.3.1　抗压强度、抗拉强度试验结果与分析

在聚丙烯纤维混凝土的研究中，聚丙烯纤维的加入对混凝土材料抗压性能的影响往往不受关注，关于材料抗压性能的资料也非常少。在现有的资料中，聚丙烯纤维对混凝土的基本力学性能的影响，尤其是对抗压强度、劈裂抗拉强度的影响，国内外各类文献有截然相反的说法。文献[217]~[220]认为掺加纤维后抗压强度、劈裂抗拉强度都降低，而文献[221]~[224]则认为掺加纤维后抗压强度、劈裂抗拉强度都增加。根据目前收集到的有限资料，可以看出聚丙烯纤维对半刚性基层材料抗压强度和劈裂抗拉强度的影响与基层材料和养护龄期有很大的关系，对于聚丙烯纤维水泥稳定碎石来说，龄期小于 28 d，聚丙烯纤维使基准水泥稳定碎石抗压强度和劈裂抗拉强度降低，而 90 d 强度有增大趋势[82, 83, 161]。对于聚丙烯纤维二灰稳定碎石来说，聚丙烯纤维对基准二灰稳定碎石的抗压强度和劈裂抗拉强度影响规律不明显[162, 163]。本试验不同配合比水泥稳定碎石抗压强度、抗拉强度试验结果见表 4.1。

表 4.1　抗压强度、抗拉强度及回弹模量试验结果

试件编号	水泥掺量 M_c(%)	纤维掺量 V_f (‰)	龄期 T (d)	抗压强度 R_c(MPa)	抗拉强度 R_i (MPa)	回弹模量 E(MPa)
PPS00-5-07	5	0	7	7.98	0.61	1 948
PPS00-5-14	5	0	14	8.78	0.70	2 233
PPS00-5-28	5	0	28	9.69	0.79	3 213
PPS00-5-60	5	0	60	12.65	0.92	4 486
PPS04-5-28	5	0.4	28	9.75	0.81	2 929
PPS06-5-07	5	0.6	7	7.13	0.50	1 670
PPS06-5-14	5	0.6	14	9.92	0.76	1 855
PPS06-5-28	5	0.6	28	10.26	0.84	2 818
PPS06-5-60	5	0.6	60	13.11	1.03	3 850
PPS08-5-28	5	0.8	28	10.45	0.85	2 756
PPS10-5-28	5	1.0	28	10.83	0.87	2 609
PPS06-4-28	4	0.6	28	7.47	0.59	2 244
PPS06-6-28	6	0.6	28	12.83	1.04	3 967
PPS06-7-28	7	0.6	28	16.19	1.30	4 305

4.3.1.1　试件养护龄期对抗压强度、抗拉强度的影响

图 4.7 和图 4.8 分别为随养护龄期增长普通水泥稳定碎石与聚丙烯纤维水泥稳定碎

石抗压强度和抗拉强度的变化规律。由图 4.7 和图 4.8 可以看出，试件养护龄期对抗压强度和抗拉强度的影响都较大，随养护龄期的增长，普通水泥稳定碎石与聚丙烯纤维水泥稳定碎石的抗压强度和抗拉强度均呈增大趋势。但在低龄期(7 d)时，聚丙烯纤维水泥稳定碎石比普通水泥稳定碎石的抗压强度和抗拉强度低，当龄期到 14 d 后，聚丙烯纤维水泥稳定碎石的抗压强度、抗拉强度一直都比普通水泥稳定碎石要高。聚丙烯纤维水泥稳定碎石在 7 d 龄期到 14 d 龄期之间抗压强度、抗拉强度增长得比较快，抗压强度从 7.13 MPa 增长到 9.92 MPa，增长了 39.1%，抗拉强度从 0.5 MPa 增长到 0.76 MPa，增长了 52%；而普通水泥稳定碎石在此期间强度增长比较缓慢，抗压强度从 7.98 MPa 增长到 8.78 MPa，仅增长了 10%，抗拉强度从 0.61 MPa 增长到 0.7 MPa，仅增长了 14.8%。当龄期大于 14 d 后，掺与不掺聚丙烯纤维水泥稳定碎石的抗压强度增长幅度相差不大。

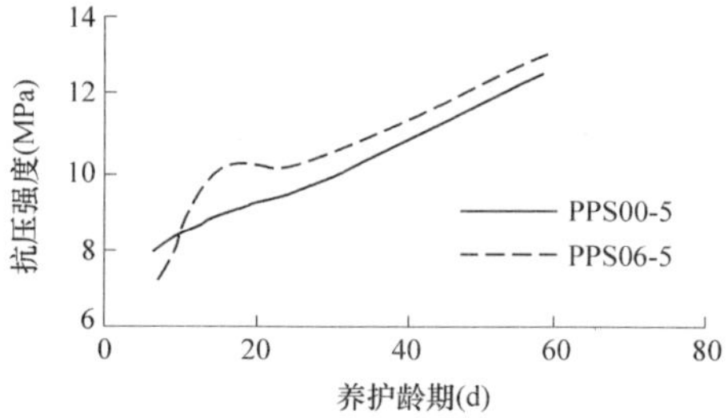

图 4.7 试件养护龄期对抗压强度的影响

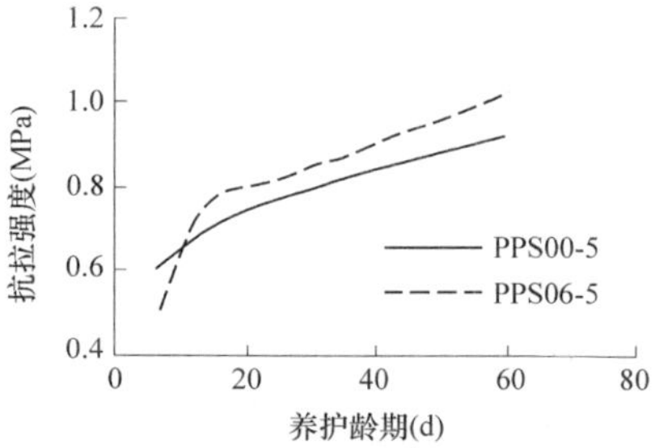

图 4.8 试件养护龄期对抗拉强度的影响

4.3.1.2 聚丙烯纤维掺量对抗压强度、抗拉强度的影响

图 4.9 和图 4.10 分别给出了不同纤维掺量聚丙烯纤维水泥稳定碎石与普通水泥稳定碎石抗压强度和抗拉强度的比较结果。从图 4.9 和图 4.10 可以看出，聚丙烯纤维的掺入对水泥稳定碎石抗压强度和抗拉强度有较大影响，总的来看，聚丙烯纤维对抗压强度和抗拉强度是有一定的增强作用的。在聚丙烯纤维一定的掺量范围内，即体积掺量不大于 1‰的前提下，随着聚丙烯纤维体积掺量的增加，水泥稳定碎石的抗压强度和抗拉强度总体上呈增长趋势。如 1‰体积掺量的聚丙烯纤维使水泥稳定碎石的抗压强度由未掺纤维时的 9.69 MPa 提高到了 10.83 MPa，提高了 11.8%，使抗拉强度由未掺纤维时的 0.79 MPa 提高到了 0.87 MPa，提高了 10.1%。当聚丙烯纤维体积掺量小于 0.4‰时，纤维掺量的增加对强度基本没有影响，随纤维体积掺量的增加，水泥稳定碎石抗压强度、抗拉强度增长较缓慢，此后随着纤维掺量的继续增加，强度增长幅度较大。

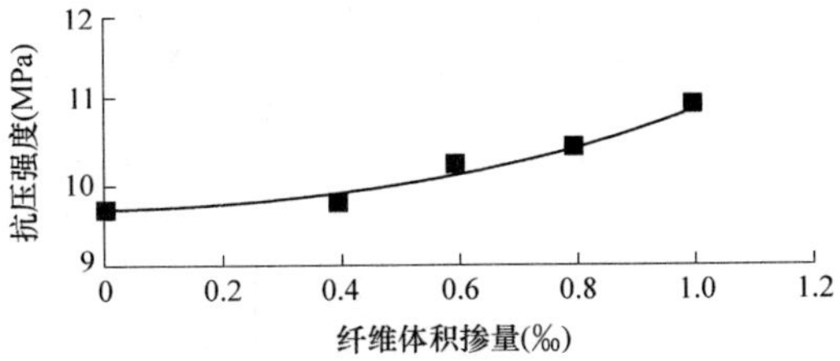

图 4.9　纤维体积掺量对抗压强度的影响

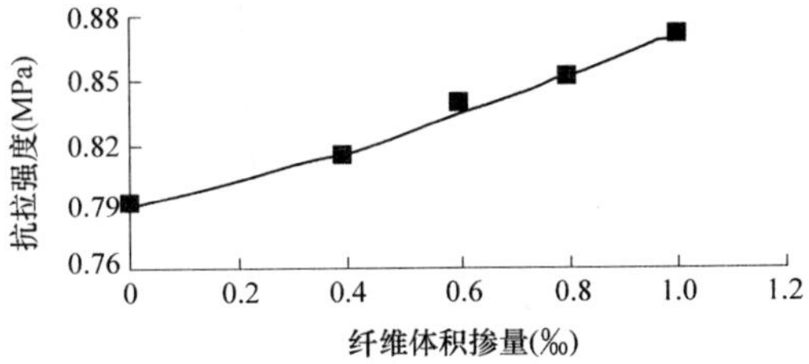

图 4.10　纤维体积掺量对抗拉强度的影响

根据试验结果的回归分析，得出了聚丙烯纤维水泥稳定碎石抗压强度与聚丙烯纤维体积掺量的关系式如下(相关系数为 0.958 7)

$$R_c(V_f) = 1.061\,7V_f^{\,2} + 0.133\,2V_f + 9.662\,7 \tag{4.7}$$

聚丙烯纤维水泥稳定碎石抗拉强度与聚丙烯纤维体积掺量的关系式如下(相关系数为 0.976 5)

$$R_i(V_f) = 0.021\,5V_f^{\,2} + 0.060\,6V_f + 0.788\,8 \tag{4.8}$$

式(4.7)、式(4.8)中：R_c 为聚丙烯纤维水泥稳定碎石抗压强度，MPa；R_i 为聚丙烯纤维水泥稳定碎石抗拉强度，MPa；V_f 为聚丙烯纤维体积掺量(‰)。

聚丙烯纤维水泥稳定碎石的强度主要由水泥稳定碎石基体的强度决定，即与水泥剂量、粗骨料的用量以及最大干密度有关。此外，聚丙烯纤维与基体之间的联结力也是决定聚丙烯纤维水泥稳定碎石强度的重要因素。同别的纤维相比较，聚丙烯纤维可握裹更多的骨料，同水泥稳定碎石基体有更紧密的结合力，可以迅速而轻易地与水泥稳定碎石混合料混合，分布均匀，同时由于细微，故比表面积大，能在水泥稳定碎石内部构成一种均匀的乱向支撑体系，产生一种有效的增强效果[225~227]。

4.3.1.3　水泥掺量对抗压强度、抗拉强度的影响

图 4.11 和图 4.12 分别给出了聚丙烯纤维掺量为 0.6‰时水泥稳定碎石随着水泥掺量的增加，其抗压强度和抗拉强度的变化规律。从图中可以看出，水泥掺量对聚丙烯纤维水泥稳定碎石抗压强度、抗拉强度的影响很大，与普通水泥稳定碎石的强度随水泥掺量增加而变化的规律一样[65, 228~231]，随着水泥掺量的增加聚丙烯纤维水泥稳定碎石的 28 d 抗压强度、抗拉强度基本呈线性增加。水泥掺量由 4%增加到 7%，抗压强度由 7.47 MPa 增长到 16.19 MPa，增长了 117%；抗拉强度由 0.59 MPa 增长到 1.30 MPa，增长了 120%。

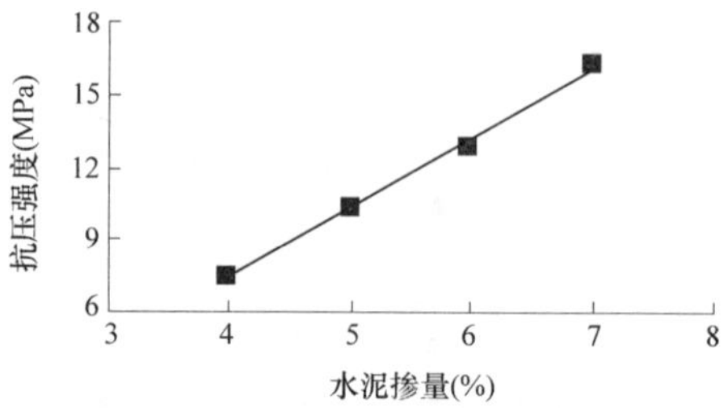

图 4.11　水泥掺量对抗压强度的影响

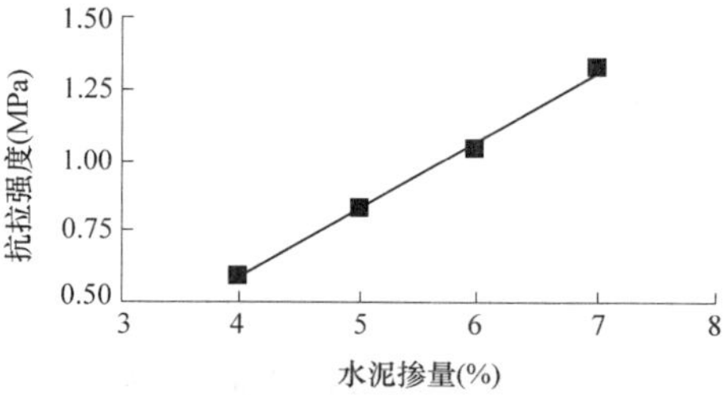

图 4.12　水泥掺量对抗拉强度的影响

根据试验结果的线性回归分析，得出了聚丙烯纤维水泥稳定碎石抗压强度与水泥掺量的线性回归关系式如下(相关系数为 0.996 8)

$$R_c(M_c) = 2.873M_c - 4.114 \tag{4.9}$$

聚丙烯纤维水泥稳定碎石抗拉强度与水泥掺量的线性回归关系式如下(相关系数为 0.997 7)

$$R_i(M_c) = 0.233M_c - 0.339 \tag{4.10}$$

式(4.9)、式(4.10)中：R_c 为聚丙烯纤维水泥稳定碎石抗压强度，MPa；R_i 为聚丙烯纤维水泥稳定碎石抗拉强度，MPa；M_c 为水泥掺量(%)。

4.3.2　回弹模量试验结果与分析

大量的研究资料表明，聚丙烯纤维掺入普通混凝土或水泥砂浆能减小混凝土或水泥砂浆的弹性模量，使其柔韧性提高。目前已有的资料也表明，聚丙烯纤维的掺入，可以有效地降低半刚性基层材料的回弹模量[82, 83]，这一点对于提高半刚性材料的抗裂性能是有益的。本研究聚丙烯纤维水泥稳定碎石抗压回弹模量的试验结果见表 4.1。

4.3.2.1　试件养护龄期对回弹模量的影响

图 4.13 为随试件养护龄期增长普通水泥稳定碎石与聚丙烯纤维水泥稳定碎石抗压回弹模量的变化规律。由图 4.13 可以看出，随养护龄期的增长，普通水泥稳定碎石与聚丙烯纤维水泥稳定碎石的回弹模量是逐渐增大的，且聚丙烯纤维水泥稳定碎石的回弹模量较之普通水泥稳定碎石均有所降低。当龄期小于 14 d 时，回弹模量增长的速率较小，随着龄期的继续增长，当龄期超过 14 d 以后，回弹模量增长的速率比较大，这一点与水泥稳定碎石强度的形成有很大关系。

水泥稳定碎石的回弹模量取决于原材料本身的模量、反应生成物的模量以及结构组成形式等。在试件成型的初期，由于水泥水化等反应刚进行，形成的胶结料不足，以至于稳定粒料还处于松散状，因此水泥稳定碎石早期的回弹模量主要由材料结构组成形式及原材料本身的模量决定，所以表现为模量很小。随着反应的进行，胶结物不断生成，使颗粒之间联结和整体结构逐步加强，因此当龄期超过 14 d 以后，回弹模量增长的速度比较大。

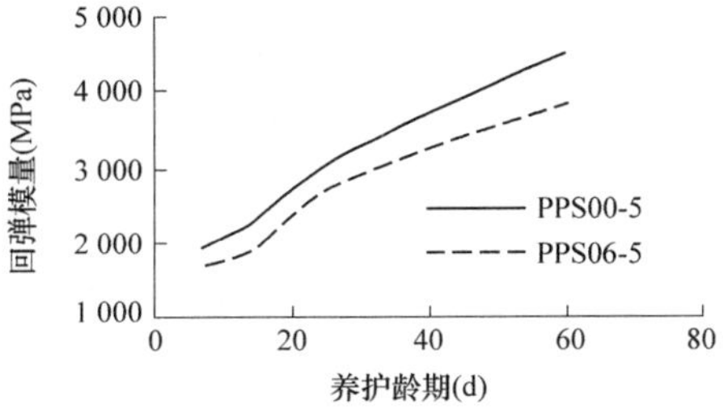

图 4.13　试件养护龄期对回弹模量的影响

4.3.2.2　聚丙烯纤维掺量对回弹模量的影响

图 4.14 给出了不同纤维掺量聚丙烯纤维水泥稳定碎石与普通水泥稳定碎石回弹模量的比较结果。从图 4.14 可以看出，聚丙烯纤维的掺入，可以有效地降低水泥稳定碎石的回弹模量，因而可以提高水泥稳定碎石基层的抗压变形能力。在聚丙烯纤维一定的掺量范围内，即在体积掺量不大于 1‰的前提下，随着聚丙烯纤维掺量的增加，水泥稳定碎石的回弹模量有呈线性逐渐降低的趋势。当聚丙烯纤维体积掺量为 1‰时，水泥稳定碎石的回弹模量由未掺纤维时的 3 213 MPa 降低到了 2 609 MPa，降低了 18.8%。聚丙烯纤维之所以能降低水泥稳定碎石的回弹模量，这主要是由于聚丙烯纤维的拉压变形能力较脆性的水泥稳定碎石的抗压变形能力强得多，它的加入使复合材料整体受力，增强了复合材料的抗压变形能力。即加入低弹性模量的聚丙烯纤维后，复合材料的刚度下降，柔性增大，从而保证了水泥稳定碎石可以承受较大收缩变形而不致破坏。

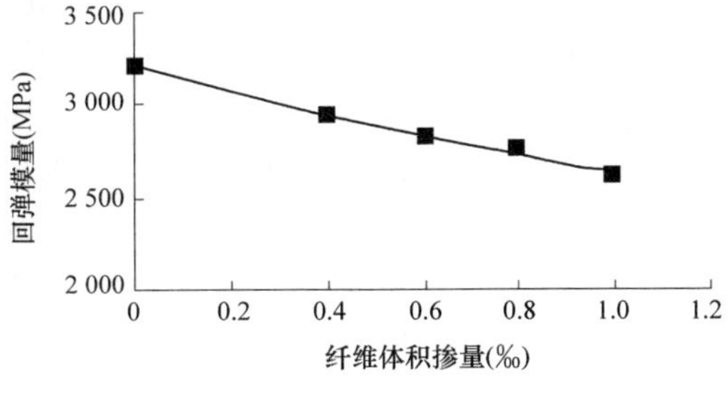

图 4.14　纤维体积掺量对回弹模量的影响

根据试验结果的回归分析，得出了聚丙烯纤维水泥稳定碎石回弹模量与聚丙烯纤维体积掺量的回归关系式如下(相关系数为 0.991 1)

$$E(V_f)=132.01V_f^2-713.99V_f+3\ 207.8 \tag{4.11}$$

式中：E 为聚丙烯纤维水泥稳定碎石回弹模量，MPa；V_f为聚丙烯纤维体积掺量(‰)。

4.3.2.3　水泥掺量对回弹模量的影响

图 4.15 给出了聚丙烯纤维掺量为 0.6‰时水泥稳定碎石随着水泥掺量的增加，其回弹模

量的变化规律。从图中可以看出，水泥掺量对聚丙烯纤维水泥稳定碎石回弹模量的影响很大，与水泥稳定碎石的强度变化规律一样[65, 231]，即随着水泥掺量的增加回弹模量基本呈线性增加。水泥掺量由 4%增加到 7%，回弹模量由 2 244 MPa 增长到 4 305 MPa，增长了 92%。

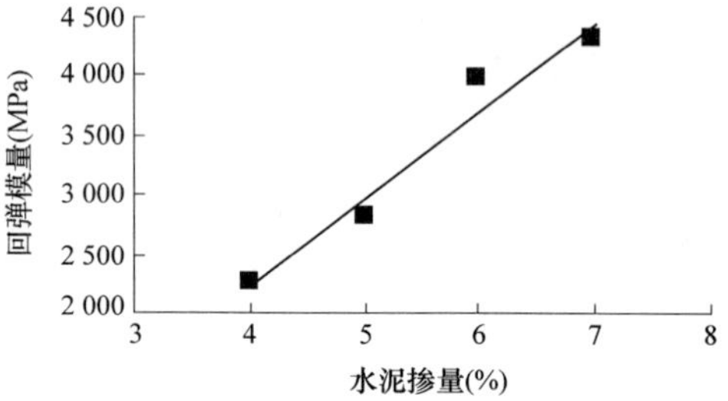

图 4.15　水泥掺量对回弹模量的影响

对回弹模量试验结果进行线性回归分析，得出了聚丙烯纤维水泥稳定碎石回弹模量与水泥掺量的线性回归关系式如下(相关系数为 0.960 7)

$$E(M_c) = 733.2M_c - 699.1 \tag{4.12}$$

式中：E 为聚丙烯纤维水泥稳定碎石回弹模量，MPa；M_c 为水泥掺量(%)。

4.3.3　抗弯拉试验结果与分析

聚丙烯纤维水泥稳定碎石的抗弯拉强度和抗弯拉弹性模量主要取决于基准水泥稳定碎石的抗弯拉强度和抗弯拉弹性模量，除与水泥的品种及掺量、采用骨料的级配、养护时间的长短等有关外，还与所掺入的聚丙烯纤维有很大关系。表 4.2 为聚丙烯纤维水泥稳定碎石抗弯拉强度和抗弯拉弹性模量的试验结果。

表 4.2　抗弯拉强度和抗弯拉弹性模量的试验结果

试件编号	水泥掺量 M_c(%)	纤维掺量 V_f(‰)	龄期 T(d)	抗弯拉强度 f_f (MPa)	抗弯拉弹性模量 E_f (MPa)
PPS00-5-07	5	0	7	1.10	8 930
PPS00-5-14	5	0	14	1.19	9 150
PPS00-5-28	5	0	28	1.31	9 350
PPS00-5-60	5	0	60	1.78	12 730
PPS04-5-28	5	0.4	28	1.32	8 780
PPS06-5-07	5	0.6	7	1.05	8 400
PPS06-5-14	5	0.6	14	1.27	8 570
PPS06-5-28	5	0.6	28	1.36	8 500
PPS06-5-60	5	0.6	60	1.93	11 830
PPS08-5-28	5	0.8	28	1.40	7 850
PPS10-5-28	5	1.0	28	1.45	7 190
PPS06-4-28	4	0.6	28	0.98	5 840
PPS06-6-28	6	0.6	28	1.62	11 680
PPS06-7-28	7	0.6	28	2.10	15 580

4.3.3.1　试件养护龄期对抗弯拉强度及抗弯拉弹性模量的影响

图 4.16 和图 4.17 分别为随养护龄期增长普通水泥稳定碎石与聚丙烯纤维水泥稳定碎石抗弯拉强度和抗弯拉弹性模量的变化规律。由图 4.16 和图 4.17 可以看出，0.6‰体积掺量的聚丙烯纤维对水泥稳定碎石抗弯拉强度和抗弯拉弹性模量有一定的影响，但是影响不大。随养护龄期的增长，普通水泥稳定碎石与聚丙烯纤维水泥稳定碎石的抗弯拉强度和抗弯拉弹性模量均逐渐增大。当龄期为 7 d 时，水泥稳定碎石中的水泥还在水化，纤维与基体的联结较弱，因而这时聚丙烯纤维水泥稳定碎石抗弯拉强度反而比普通水泥稳定碎石低。当龄期达到 14 d 后，聚丙烯纤维水泥稳定碎石的抗弯拉强度均较之未掺纤维的略有提高，所以聚丙烯纤维使水泥稳定碎石后期抗弯拉强度有一定的提高。低龄期低于 28 d 时，抗弯拉弹性模量随龄期增长的速率较小，而当龄期达到 28 d 以后，随着水泥稳定碎石内部胶结物不断增加，骨料之间胶结料的黏聚力和骨料的嵌挤作用逐步加强，因此抗弯拉弹性模量随龄期增长的速率比较大。

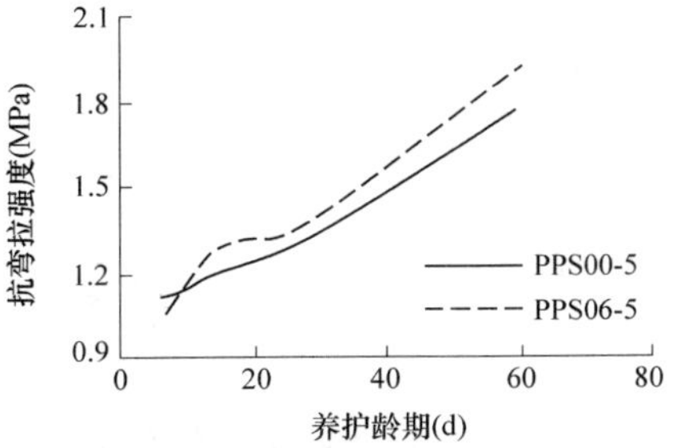

图 4.16　试件养护龄期对抗弯拉强度的影响

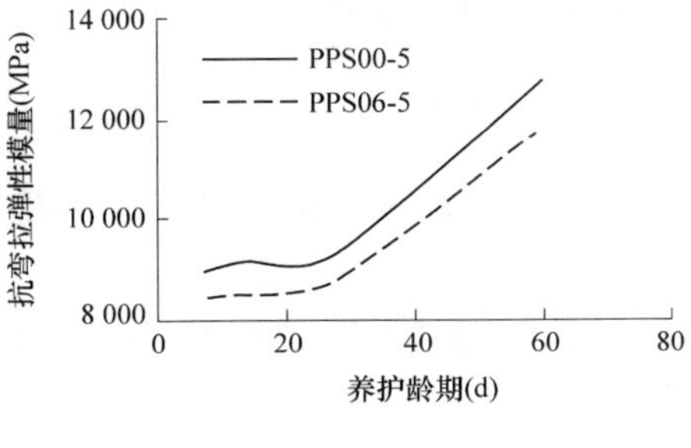

图 4.17　试件养护龄期对抗弯拉弹性模量的影响

4.3.3.2　聚丙烯纤维掺量对抗弯拉强度及抗弯拉弹性模量的影响

图 4.18 和图 4.19 分别给出了不同纤维掺量聚丙烯纤维水泥稳定碎石与普通水泥稳定碎石抗弯拉强度和抗弯拉弹性模量的比较结果。从图 4.18 和图 4.19 可以看出，聚丙烯纤维使水泥稳定碎石抗弯拉强度有一定的提高，而抗弯拉弹性模量有一定的降低。如纤维体积掺量为 1‰的聚丙烯纤维水泥稳定碎石与基准水泥稳定碎石相比，抗弯拉强度提高了 10.7%，抗弯拉弹性模量降低了 23.1%。在聚丙烯纤维体积掺量不大于 1‰的前提下，随着聚丙烯纤维掺量的增加，水泥稳定碎石的抗弯拉强度总体上呈增长趋势，抗弯拉弹性模量总体上呈下降趋势。纤维体积掺量小于 0.4‰时，随着纤维掺量的增加，聚丙烯纤

维水泥稳定碎石抗弯拉强度增长较缓慢，此后随着纤维掺量的继续增加，抗弯拉强度增长幅度较大。

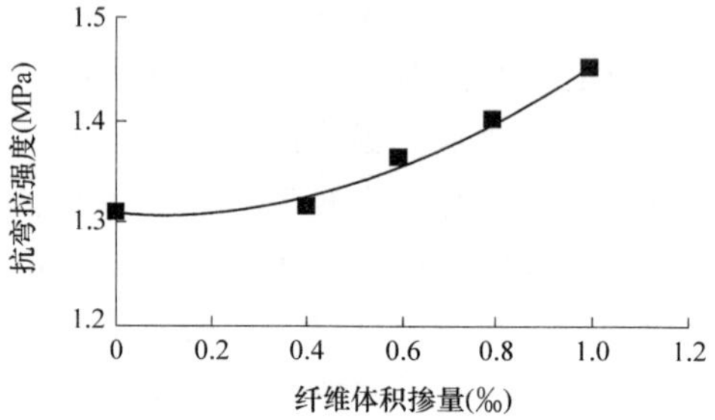

图 4.18　纤维体积掺量对抗弯拉强度的影响

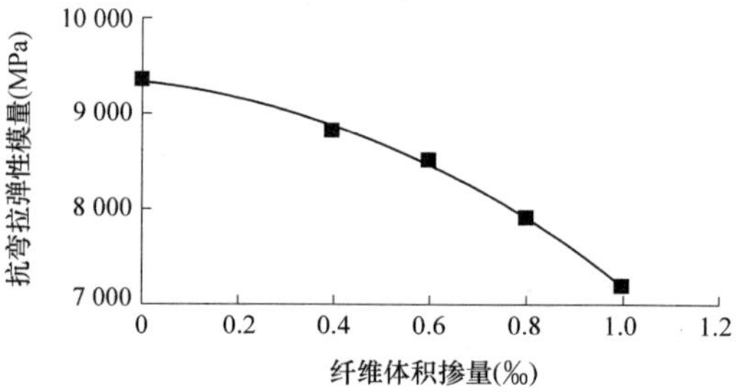

图 4.19　纤维体积掺量对抗弯拉弹性模量的影响

根据试验结果的回归分析，得出了聚丙烯纤维水泥稳定碎石抗弯拉强度与聚丙烯纤维体积掺量的关系式如下(相关系数为 0.994 1)

$$f_f(V_f) = 0.164\ 8V_f^{\ 2} - 0.020\ 9V_f + 1.308\ 5 \tag{4.13}$$

聚丙烯纤维水泥稳定碎石抗弯拉弹性模量与聚丙烯纤维体积掺量的关系式如下(相关系数为 0.995 9)

$$E_f(V_f)=9\ 337.7-1\ 528.5V_f^{\ 2}+613.14V_f \tag{4.14}$$

式(4.13)、式(4.14)中：f_f 为聚丙烯纤维水泥稳定碎石抗弯拉强度，MPa；E_f 为聚丙烯纤维水泥稳定碎石抗弯拉弹性模量，MPa；V_f 为聚丙烯纤维体积掺量(‰)。

聚丙烯纤维水泥稳定碎石抗弯拉强度之所以较基准水泥稳定碎石高，其原理即是纤维在水泥稳定碎石折断时对折断面两侧的稳定粒料起到牵扯作用，延缓了水泥稳定碎石的开裂破坏，增强了其抗弯拉强度及受拉延性。此外，由于水泥稳定碎石的干燥收缩以及温度收缩等造成内部存在着不同尺度的微裂缝，在结构形成过程中，聚丙烯纤维阻止了这些裂缝的引发，从而减少了裂缝源的数量，并使裂缝尺度变小，这就降低了裂缝尖端的应力强度因子，缓和了裂缝尖端应力集中程度，在受力过程中，抑制了裂缝的引发与扩展，从而使抗弯拉强度有所提高。由于所掺入的聚丙烯纤维——“丹强丝”是一种表面经特殊的生产工艺处理过的改性聚丙烯纤维，可以迅速而轻易地与水泥稳定碎石混合料混合，分布均匀，它的加入能使水泥浆体与骨料间有极强的黏结力。它与水泥稳定碎石本身相比，柔性较大，其拉压变形能力要大得多，根据复合材料混合定律，掺入聚丙烯纤维后，水泥稳定碎石的整体刚度下降，柔性增大，弹性模量降低。

4.3.3.3　水泥掺量对抗弯拉强度及抗弯拉弹性模量的影响

图 4.20 和图 4.21 给出了聚丙烯纤维掺量为 0.6‰时聚丙烯纤维水泥稳定碎石随着水泥掺量的增加，其抗弯拉强度和抗弯拉弹性模量的变化规律。从图 4.20 和图 4.21 中可以看出，水泥掺量对聚丙烯纤维水泥稳定碎石抗弯拉强度和抗弯拉弹性模量的影响都很大，水泥掺量由 4%增加到 7%，抗弯拉强度由 0.98 MPa 增加到 2.10 MPa，增长了 114%，抗弯拉回弹模量由 5 840 MPa 增加到 15 580 MPa，增长了 167%。随着水泥掺量的增加，聚丙烯纤维水泥稳定碎石的 28 d 抗弯拉强度和抗弯拉弹性模量都基本呈线性增加。从复合材料的理论观点来看，聚丙烯纤维水泥稳定碎石可被视为三相材料，即含有纤维的水泥浆体、骨料、浆体与骨料之间界面区这三相。随着水泥掺量的增加，水化胶结物也不断增加，从而使整体材料的孔隙率不断降低，界面区所占比例逐渐增加，界面区的强度和密实度逐渐提高，骨料之间由于水化胶结物的增加，相互牵制和相互约束的作用也逐渐增强[5]，从而引起抗弯拉强度和抗弯拉弹性模量也随水泥掺量的增加而逐渐增加。

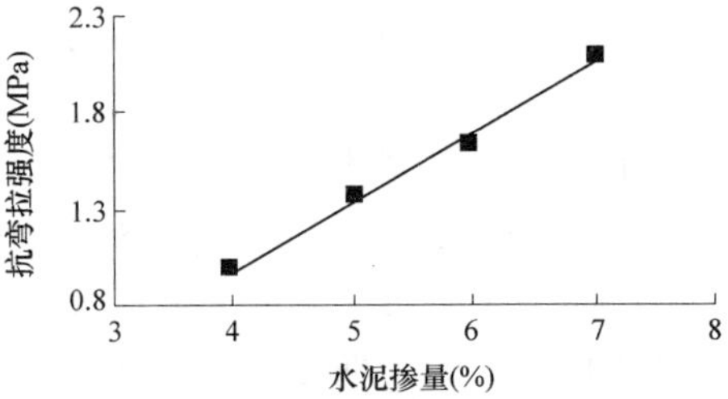

图 4.20　水泥掺量对抗弯拉强度的影响

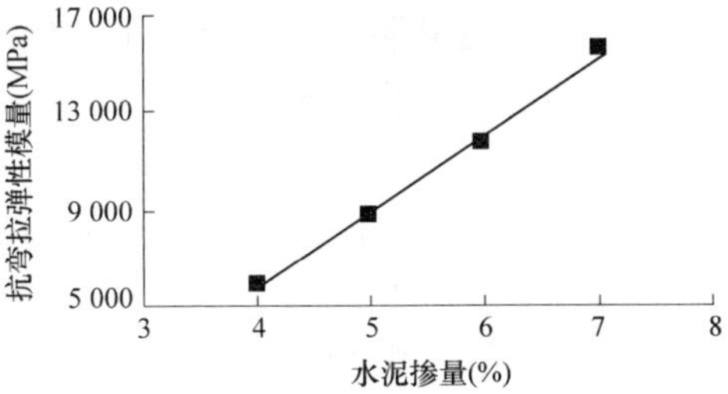

图 4.21　水泥掺量对抗弯拉弹性模量的影响

根据试验结果的线性回归分析，得出了聚丙烯纤维水泥稳定碎石抗弯拉强度与水泥掺量的线性回归关系式如下(相关系数为 0.987 5)

$$f_f(M_c) = 0.362M_c - 0.476 \tag{4.15}$$

聚丙烯纤维水泥稳定碎石抗弯拉弹性模量与水泥掺量的线性回归关系式如下(相关系数为 0.994 6)

$$E_f(M_c) = 3\,208M_c - 7\,164 \tag{4.16}$$

式(4.15)、式(4.16)中：f_f为聚丙烯纤维水泥稳定碎石抗弯拉强度，MPa；E_f为聚丙烯纤维水泥稳定碎石抗弯拉弹性模量，MPa；M_c为水泥掺量(%)。

4.4 聚丙烯纤维水泥稳定碎石强度形成机理

4.4.1 水泥稳定碎石强度形成机理

水泥稳定碎石材料的强度形成与多种因素有关，主要由骨料与骨料之间的嵌挤作用、水泥水化产物、骨料颗粒之间的黏结作用所决定。骨料颗粒之间的黏结强度一般都要比骨料颗粒本身的强度小得多，在外力作用下，材料首先将在颗粒之间产生滑动和位移，使其失去承载能力而导致破坏。因此，对于水泥稳定碎石强度而言，尽管骨料颗粒本身强度也重要，但是起作用的则是颗粒之间的黏结强度，这种颗粒之间的黏结强度则决定于材料的黏结力和内摩擦角[192]。碎石材料是按嵌挤原则产生强度的，它的抗剪强度主要决定于剪切面上的法向应力和材料内摩擦角，由三项因素构成：①粒料表面的相互滑动摩擦；②因剪切时体积膨胀而需克服的阻力；③因粒料重新排列而受到的阻力。内摩阻力的大小主要取决于石料的强度、形状、尺寸、均匀性、表面粗糙度以及施工时的压实程度。当石料强度高、形状接近正方体、有棱角、尺寸均匀、表面粗糙、压实度高时，则内摩阻力就大[232]。

在所采用骨料级配一定的情况下，其强度就主要取决于水泥的水化产物。硅酸盐水泥熟料中主要有四种矿物成分，即 C_3S(硅酸三钙)、C_2S(硅酸二钙)、C_3A(铝酸三钙)和 C_4AF(铁铝酸四钙)，其中含量最高的是 C_3S，含量一般在 40%左右，它是硅酸盐水泥中最主要的矿物组分，C_3S 水化产物对水泥早期强度和后期强度起主要作用。C_3A 的含量虽然不高，但是反应速度最快，它的含量决定了水泥凝结速度和释放热量的多少，对水泥早期强度起一定作用。C_2S 在硅酸盐水泥中含量约为 35%，也是主要的矿物，其遇水反应速度最慢，水化热也较低，对水泥早期强度贡献较小，但对水泥后期强度起重要作用。C_4AF 通常含量为 10%，遇水反应较快，水化热较高，但是其水化产物强度较低，对抗弯拉强度起重要作用。

水泥稳定碎石强度的形成主要经过两个阶段，一个是前期的机械压实过程，另一个就是水泥的水化作用过程[75]。在水泥稳定碎石试件制作时(或施工中碾压时)，由于机械压实的压力作用，水泥与细骨料的混合物填充碎石中的孔隙，将碎石孔隙中的空气排出，并在外力(机械力)的作用下，紧密压实，使得水泥与碎石之间的颗粒彼此靠近，使外力所做的绝大部分功转变成颗粒间范德华力的增加，这一作用为“物理－力学”作用。它使得松散的颗粒重新排列，以缩短颗粒之间的距离，从而为有效地发生化学反应提供了条件。这是水泥稳定碎石混合料最开始的强度形成方式，随后，其强度的形成就依靠水泥的水化、凝结与硬化。

水泥遇水后，在水泥稳定碎石中，首先发生的是水泥自身的水化反应。上述四种成分与水反应生成六角形的 $Ca(OH)_2$、纤维状 C-S-H、方板状水化铝酸钙以及六角板状水化铝酸钙(C_4AHI_3)等有胶结能力的水化产物，这是水泥稳定碎石强度的主要来源。水泥水化生成的水化产物，相互交织搭接，将骨料颗粒包裹连接起来。随着水化产物的增加，水泥颗粒表面的新生水化产物厚度逐渐增大，使水泥浆中固体颗粒间的间距逐渐减少，越来越多的颗粒相互连接形成了骨架结构。此时水泥浆开始慢慢失去可塑性，表现为水泥的初凝。随着水化反应的继续进行，水泥颗粒间相互靠近，直至连接形成骨架，此时水泥浆的塑性逐渐消失，直至终凝。随着水泥水化反应的不断进行，凝结后的水泥浆结构内孔隙不断被新生水化产物填充和加固，使其结构的强度不断增长，即使已形成坚硬的水泥石，其强度仍在缓慢增长。因此，只要条件适宜，水泥的硬化在长时间内是一个无休止的过程[75]。基于胶凝材料——水泥石在水泥稳定碎石中的特殊作用，控制脆性材料水泥石强度的主要因素——孔隙率也成为影响该材料强度的一个重要因素，这种孔隙率则与水灰比有关[233, 234]。

4.4.2　聚丙烯纤维对水泥稳定碎石的增强机理分析

聚丙烯纤维水泥稳定碎石强度的形成除与纤维和基体的物理性质、力学性质、纤维形状和分布以及纤维掺量、品种有关外，纤维与基体之间界面的状况、工作环境、工作状态、工艺过程也都会对聚丙烯纤维水泥稳定碎石强度的形成产生很大影响。但纤维的掺量、水泥稳定碎石基体的强度以及纤维与水泥稳定碎石之间的联结力是决定其强度的主要因素。聚丙烯纤维的作用是承受荷载，基体的作用是既承受荷载又保护和固定纤维，在纤维的端头部分，以界面剪切的方式向纤维传递荷载，特别是对于随机取向的短纤维来讲，这种以界面剪切方式向纤维传递荷载的情况更为重要[162]。在所掺加聚丙烯纤维掺量、品种一定的前提下，基体水泥稳定碎石强度的形成以及基体对纤维的固结强度直接影响着聚丙烯纤维水泥稳定碎石强度的形成。

水泥与骨料相互作用而生成的胶结物和晶体数量会随龄期的增长而增加，但在初期，特别是龄期小于 7 d 时，水泥稳定碎石中的水泥还在水化，纤维与基体的联结较弱，因而这时其强度反而比未掺纤维的水泥稳定碎石的强度还低。随着龄期增加，胶结物对纤维的黏结和固定作用增强，这使得纤维水泥稳定碎石形成一个坚强的整体，纤维可以在基体中发挥独特的性能，因而起到纤维增强的效果，而且龄期越长，增强的效果越明显，所以掺加聚丙烯纤维的水泥稳定碎石后期强度有较大提高。聚丙烯纤维水泥稳定碎石中纤维与水泥稳定碎石的联结方式除粘着联结外，还存在着摩擦联结。当纤维水泥稳定碎石材料在荷载作用下开始变形时，纤维受力，在纤维水泥稳定碎石中生成的团粒嵌固点上发生摩擦作用，产生摩擦力，从而使纤维和基体之间出现一种内聚力。

聚丙烯纤维水泥稳定碎石的工作性能还涉及两种独特的作用机理[82]。第一种作用机理是有关纤维形状的弯曲，在纤维水泥稳定碎石中分布的纤维有很多弯曲，当纤维受力时，在弯曲区会产生摩擦力，继而引起一种抗力，并随纤维受力而增加。第二种作用机理同纤维交叉相联系。如果在纤维交叉处产生的力企图使纤维产生横向位移，则很快会遇到其他纤维阻止这种位移。受力后欲产生位移的纤维上的力传递到其他纤维，形成一个受力作用新区，从而产生纤维水泥稳定碎石的内聚力。聚丙烯纤维水泥稳定碎石工作性能的上述两种作用机理，既不存在于连续介质改善的材料，也不存在于加筋土，而是聚丙烯纤维水泥稳定碎石具有的两种独特作用机理。

聚丙烯纤维对水泥稳定碎石的增强机理可以主要通过乱向不连续纤维复合材料理

论来解释。乱向不连续纤维复合材料理论的出发点是复合材料构成的混合原理，将纤维增强复合材料看做多相体，对聚丙烯纤维水泥稳定碎石的简化是以聚丙烯纤维为一相，以水泥稳定碎石为一相的两相复合材料。复合材料的性能为各相性能的叠加[283]，聚丙烯纤维水泥稳定碎石受力简图如图 4.22 所示，对聚丙烯纤维水泥稳定碎石作如下基本假定：

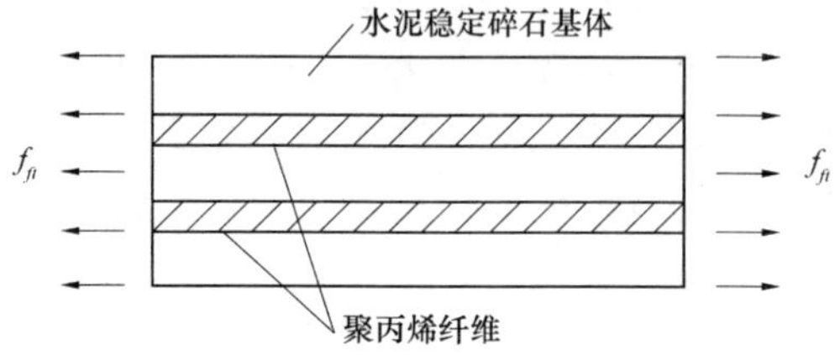

图 4.22　聚丙烯纤维水泥稳定碎石受力简图

(1)纤维水泥稳定碎石在宏观上是均质的；

(2)纤维与水泥稳定碎石基体本身是各向同性(或正交各向异性)的线弹性材料；

(3)纤维与水泥稳定碎石基体之间无任何相对滑动(即完全粘着状态)。

根据弹性叠加原理有

$$F_{fc}=F_f+F_m \tag{4.17}$$

式中：F_{fc}、F_f、F_m 分别表示聚丙烯纤维水泥稳定碎石、聚丙烯纤维、水泥稳定碎石基体受的力。

将 $F_{fc}=\sigma_{fc}A_{fc}$ 、 $F_f=\sigma_f A_f$ 和 $F_m=\sigma_m A_m$ 代入式(4.17)并除以 A_{fc} 得

$$\sigma_{fc}=\sigma_f V_f+\sigma_m V_m=\sigma_f V_f+\sigma_m(1-V_f) \tag{4.18}$$

式中：σ 、A、V 分别表示应力、截面积、体积率；下标 fc、f、m 分别表示聚丙烯纤维水泥稳定碎石、聚丙烯纤维和水泥稳定碎石基体。

因此，单向受力聚丙烯纤维顺向均匀分布条件下，聚丙烯纤维水泥稳定碎石的抗拉强度由下式表示

$$\sigma_{fcu}=\sigma_{fu}V_f+\sigma_m V_m=\sigma_{fu}V_f+\sigma_m(1-V_f) \tag{4.19}$$

式中：σ_{fcu} 为聚丙烯纤维水泥稳定碎石的抗拉强度；σ_{fu} 为聚丙烯纤维的抗拉强度；其他符号意义同前。

实际上，对于聚丙烯短纤维来说，在上述假定条件下，可有两种纤维状态下的混合理论，即单向连续长纤维复合材料理论和乱向不连续短纤维复合材料理论，而对于本书中聚丙烯纤维水泥稳定碎石来说，聚丙烯短纤维主要为乱向不连续分布。乱向不连续短纤维复合材料是当今最常用的配纤方式，它与单向连续长纤维复合材料相比，最大不同点是纤维的乱向分布和短尺度。因此，在分析乱向短纤维复合材料时，必须同时考虑纤维的取向、长度及其与基体的界面黏结性状，这三个方面的性状分别由方向有效系数、长度有效系数和界面黏结系数来表征。不连续短纤维复合材料在承受拉伸应力发生断裂

时，纤维或被拉断，或被从基体中拔出。乱向分布不连续聚丙烯短纤维水泥稳定碎石抗拉强度和弹性模量由下式表示

$$\sigma_{fcu}=\eta_\theta\eta_b\eta_l\sigma_{fu}V_f+\sigma_m(1-V_f) \tag{4.20}$$

式中：η_θ 为聚丙烯纤维的方向有效系数；η_b 为聚丙烯纤维与水泥稳定碎石基体的界面黏结系数；η_l 为聚丙烯纤维的长度有效系数。

聚丙烯纤维水泥稳定碎石存在着一个纤维临界体积率，即在水泥稳定碎石基体开裂后，纤维能承担聚丙烯纤维水泥稳定碎石开裂时荷载所需的最小纤维体积率，或水泥稳定碎石基体开裂后聚丙烯纤维水泥稳定碎石承载能力不致下降所必须掺入的最小纤维体积率。对于乱向聚丙烯短纤维水泥稳定碎石来说，其临界体积率可由下式表示

$$V_{fc}=\frac{\sigma_{mu}}{\eta_\theta\eta_b\eta_l(\sigma_{fu}-\varepsilon_{mu}E_f)+\sigma_{mu}} \tag{4.21}$$

式中：V_{fc} 为乱向聚丙烯短纤维水泥稳定碎石的临界体积率；ε_{mu} 为水泥稳定碎石基体的极限拉应变；σ_{mu} 为水泥稳定碎石基体的极限抗拉强度；E_f 为聚丙烯纤维的弹性模量；其他符号意义同前。

当 $V_f<V_{fc}$ 时，聚丙烯纤维水泥稳定碎石开裂后纤维不能承担因水泥稳定碎石基体开裂卸荷而增加的荷载，纤维随即呈现拔出或拉断状态，聚丙烯纤维水泥稳定碎石的极限抗拉强度受水泥稳定碎石基体控制，水泥稳定碎石基体呈单点开裂，聚丙烯纤维水泥稳定碎石的极限抗拉强度为

$$\sigma_{fcu}=\eta_\theta\eta_b\eta_l\varepsilon_{mu}E_fV_f+\sigma_{mu}(1-V_f) \tag{4.22}$$

当 $V_f>V_{fc}$ 时，在聚丙烯纤维水泥稳定碎石初裂前，纤维抑制了聚丙烯纤维水泥稳定碎石裂缝的出现和扩展，推迟了裂缝的出现，从而不仅提高了聚丙烯纤维水泥稳定碎石的初裂强度，而且在初裂后，因纤维约束了裂缝的扩展，使聚丙烯纤维水泥稳定碎石的延性提高。在水泥稳定碎石基体开裂后，荷载转移给纤维来承担，纤维能承担因基体开裂卸荷而增加的全部荷载，直至纤维被拔出或拉断，此时纤维体积掺率越大，纤维增强作用越大，聚丙烯纤维水泥稳定碎石的极限抗拉强度为

$$\sigma_{fcu}=\eta_\theta\eta_b\eta_l\sigma_{fu}V_f \tag{4.23}$$

4.5　结束语

聚丙烯纤维水泥稳定碎石的抗压强度较低，抗拉强度更低，因而在选择试验机时一定要选择适当的测量量程，并且要严格控制加载速度，不能太快。水泥稳定碎石的抗弯拉试验，特别是抗弯拉弹性模量试验有一定的难度，对试验机的要求很高，并且试验操作很复杂，如果不采取合适的方法，将会使试验结果产生很大的误差。本章在做了大量试验的基础上，对不同养护龄期、不同纤维掺量、不同水泥掺量对聚丙烯纤维水泥稳定碎石抗压强度、劈裂抗拉强度、抗压回弹模量、抗弯拉强度和抗弯拉弹性模量的影响进行了详细的分析，并对聚丙烯纤维水泥稳定碎石的强度形成机理进行了探讨。由试验结

果可得出，在一定的纤维掺量范围内(体积掺量不超过 1‰)，聚丙烯纤维能适当地提高水泥稳定碎石的抗压强度、抗拉强度和抗弯拉强度，降低水泥稳定碎石的回弹模量和抗弯拉弹性模量。随着龄期的增长，聚丙烯纤维水泥稳定碎石的各种强度、回弹模量和抗弯拉弹性模量不断增长；随着纤维掺量的增加，聚丙烯纤维水泥稳定碎石的各种强度逐渐增加，而回弹模量和抗弯拉弹性模量逐渐降低；随着水泥掺量的增加，聚丙烯纤维水泥稳定碎石的各种强度及回弹模量和抗弯拉弹性模量均不断增加。

第 5 章　聚丙烯纤维水泥稳定碎石收缩性能试验研究

5.1　引　言

由第 2 章的分析可知，水泥稳定碎石在摊铺和碾压后，由于含水量的减少和环境温度的变化，水泥稳定碎石基层会发生体积收缩，从而产生收缩裂缝。水泥稳定碎石材料的收缩分为干燥收缩和温度收缩两种，这两种收缩是目前我国高等级公路半刚性基层路面裂缝产生的一个最主要的原因，因而采取措施尽量减小半刚性基层材料这两种收缩便成了防治裂缝的关键。目前，描述半刚性基层材料干燥收缩特性的指标主要是干缩应变和干缩系数；描述半刚性基层材料温度收缩特性的指标主要是温缩应变和温缩系数。干缩系数是指单位含水量变化时材料的收缩值，温缩系数是指单位温度变化时材料的应变值。仅仅由收缩应变和收缩系数并不能反映出材料抗裂性的好坏，但是收缩应变和收缩系数能够反映材料收缩变形的大小，是评价抗裂性的重要参数之一，关于半刚性基层材料抗裂性的评价将在以后的章节中进行分析。

聚丙烯纤维作为一种低弹性模量的人工合成纤维，具有强度高、延性好、耐久性优良和价格低廉等特点，因而被广泛应用于水泥混凝土和砂浆中以提高基体的韧性和抗收缩性能[151~158]。聚丙烯纤维对水泥混凝土及砂浆有很好的阻裂作用，但聚丙烯纤维对水泥稳定碎石的抗收缩开裂性能的影响，目前相关的研究较少，而且对半刚性基层材料收缩特性目前还没有统一的测定标准。因此，本章对聚丙烯纤维水泥稳定碎石进行了室内干缩、温缩试验研究，探讨了聚丙烯纤维水泥稳定碎石干缩、温缩的试验方法，并在此基础上分析了干缩应变、干缩系数、温缩应变、温缩系数等参数的变化规律。

5.2　收缩试验方法

5.2.1　干缩试验方法

聚丙烯纤维水泥稳定碎石干缩变形的测试采用尺寸为 100 mm×100 mm×400 mm 的梁式试件。配合比 PPS00-5 和 PPS06-5 各成型 4 组，分别用于测试其 3 d、7 d、14 d、28 d 干缩应变及干缩系数，其他 6 个配合比各成型 2 组，用于测试其 7 d 和 28 d 干缩应变及干缩系数，每组 3 个试件，其中 2 个用于测试收缩变形，1 个用来在规定的时间测试试件含水量的损失。在称量时要小心搬放试件，以防止掉渣，影响测试结果的准确性。这种测试方法有一个假设的理论前提，就是近似认为相同配比的 3 个试件的饱水含水量和含水量的散发速率是完全相同的。试件均以最佳含水量、最大干密度和 98%的压实度静压成型。关于我国高等级公路半刚性基层材料的干缩特性目前还没有统一的测定标准，本次试验采用千分表测量梁式试件在一定失水率下的干燥收缩变形，其试验装置示意图如图 5.1 所示。

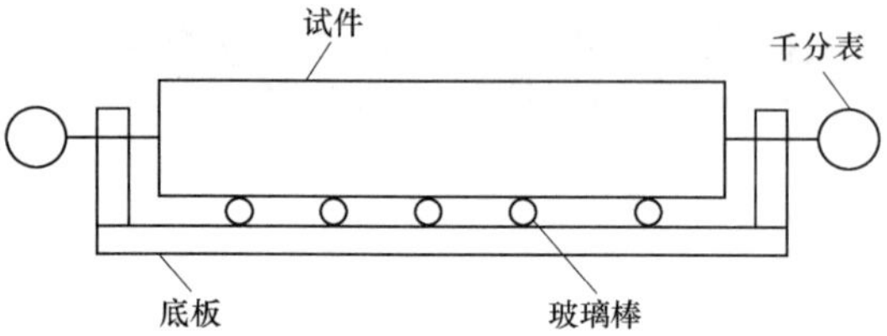

图 5.1　干燥收缩试验装置示意图

将养护到龄期的试件完全浸入水中，24 h 之后取出，用干毛巾擦掉试件表面的水分。由于水泥稳定碎石试件表面很不平滑，故要用 502 胶水在试件两端面的中间部位各粘贴一小块玻璃片，以此减小千分表读数的误差。用保鲜膜将试件包裹好，以防止试件水分过量散失，只剩下两端面暴露于空气中，放置大约 2 h，直到试件两端面可以用 502 胶水粘贴玻璃片。然后，将试件放置在测试变形的支架上，为了使试件能够自由伸缩，保证试件在各个方向的含水量散失速率基本相同，在支架的底板与试件之间放置几根截面直径一样的细玻璃棒。调整千分表测试端头与试件之间的接触，要保证千分表有一定的测试变形量程，将试件连同支架一起轻轻放入恒温箱。为减小所测含水量损失的误差，将用于测量含水量损失的试件下面垫一块铁板或其他非吸水性的板，试件称重时连同下垫板一起称，称重后将试件和下垫板再一起放入恒温箱中。

为了缩短试验时间，试验前使恒温箱内保持 40 ℃恒温，在试验进行前 3 h 用保鲜膜一直包裹着试件，这样以防止在试件的温度达到 40 ℃以前，试件在升温过程中含水量出现较大的变化，其目的是减小干缩变形读数前水分损失对试验结果的影响。根据以往的试验经验，3 h 后，试件内部的温度近似达到了 40 ℃，此时将试件表面的保鲜膜小心撕去，打开恒温箱的蒸发孔和排气扇，开始干缩变形的测试。起初的 24 h 内，每隔 2 h 测定一次含水量并记下千分表的读数，24 h 后，每隔 4 h 测定一次含水量和变形值，直到连续三次测定的含水量恒定为止。为提高试验的精度，含水量的测量采用高精度的电子天平称重。干缩应变可用式(5.1)来计算

$$\varepsilon_i = \frac{\Delta_{i-1} - \Delta_i}{L} \tag{5.1}$$

式中：ε_i 为试件的干缩应变，10^{-6}；Δ_{i-1}、Δ_i 分别为相邻两测点千分表的读数，mm；L 为梁式试件的长度，mm。

干缩系数指单位含水量变化时材料的应变值，其值可按下式计算

$$\alpha_d = \frac{\varepsilon_{i+1} - \varepsilon_i}{\omega_{i+1} - \omega_i} \tag{5.2}$$

式中：α_d 为聚丙烯纤维水泥稳定碎石材料的干缩系数，10^{-6}/%；ω_i、ω_{i+1} 分别为相邻两测点测定的试件含水量(%)；ε_i、ε_{i+1} 分别为相邻两测点试件的干缩应变，10^{-6}。

5.2.2 温缩试验方法

聚丙烯纤维水泥稳定碎石温缩试验也采用尺寸为 100 mm×100 mm×400 mm 的梁式试件。配合比 PPS00-5 和 PPS06-5 各成型 4 组，分别用于测试其 7 d、14 d、28 d、60 d 温缩应变及温缩系数，其他 6 个配合比各成型 2 组，用于测试其 14 d 和 28 d 温缩应变及温缩系数，每组 3 块试件。试件均以最佳含水量、最大干密度和 98%的压实度静压成型。目前，半刚性基层材料的温缩试验的方法比较多，有机测法、支架法、振弦应变传感器法、应变片电测法等[211, 235]，考虑到试验的精度和试验条件，本试验采用应变片电测法来测试聚丙烯纤维水泥稳定碎石的温缩系数。对于应变片电测法来说，应变片的选取对测试结果影响很大，考虑到水泥稳定碎石试件不可能完全均匀、密实，测量选用标距长为 8 cm、电阻为 120 Ω 的应变片，可以测得较长范围内的平均应变。应变片在使用前要先用万用表检查是否断线或短路，并测量其电阻值，其实际电阻值与名义电阻值(120 Ω)之差应不超过 ± 0.5%，然后根据电阻值大小分组，测试每一组试件用电阻值相同的应变片。将应变片粘贴在梁式试件的两侧面测试降温过程中试件的变形，温缩应变数据采用静态应变测试系统通过计算机自动采集，可以对自动采集数据的时间间隔在计算机应变采集系统软件中进行设置。用应变片测试温度应变时，由于环境温度的变化，测试时需要进行温度补偿，本试验选取无机硅酸盐材料作为温度补偿片，其热膨胀系数比水泥稳定碎石材料的收缩系数小一个数量级，可以满足精度要求。试验中对环境的温度通过高低温试验箱来进行控制，该设备的温度变化范围为–70~120 ℃。

温缩试件到试验龄期时，将试件从养护室中取出，为消除含水量对温缩试验结果的影响，将试件在 105 ℃的烘箱中烘 12 h，待试件烘干后取出。用砂纸将烘干后的试件侧表面磨光，再用丙酮擦掉表面遗留的石屑，然后用黏结剂粘贴应变片。黏结剂由环氧树脂加聚酰胺固化而成，两者的掺配比例可根据固化的时间灵活调整。在粘贴应变片前，应事先用直尺将应变片粘贴的位置确定出，即将应变片沿试件长度方向粘贴在试件侧表面的正中央，并用铅笔做出标记。将拌和好的黏结剂用一个较薄的塑料板在粘贴应变片的部位抹上薄薄的一层，范围比应变片的大小稍微大一些，然后对照铅笔做出的标记粘贴应变片，盖上塑料膜并排去应变片与试件之间的气泡，注意不要使应变片的两个引出线粘在一起，以防应变片短路。温度补偿片的应变片粘贴方法同上，一组待测试件共用一个温度补偿片。待粘贴应变片的应变胶固化后，将各应变片的引线通过电线与静态应变仪连接起来。

将接好线的试件和温度补偿片一起放入高低温试验箱，试件横放在一块垫板上，为保证试件的自由收缩，同干缩试验中一样，在试件和垫板之间均匀放置几根直径相同的细玻璃棒。将试验箱的初始温度设为 40 ℃，恒温约 4 h 后，近似认为试件内部的温度已均匀地达到了 40 ℃，启动试验箱温度控制程序，平衡应变采集仪各测试通道，开始读数并记录各温度段相应的应变值。温度控制程序中，设定以 10 ℃的降温幅度进行降温，降温速率为 0.5 ℃/min，即降温时间为 20 min，到达所需温度后恒温 4 h，在恒温时间结束前的 5 min 内对该恒温段的应变值进行读取存储，然后往下一温度降温。以此不断地循环测定，一直测到所要求达到的最低温度即–20 ℃。

每一组试件取三块试件应变量的平均值作为测定值。温缩系数是指单位温度的改变

所引起材料的应变值，聚丙烯纤维水泥稳定碎石平均温缩系数如式(5.3)所示

$$\alpha_t = \frac{\varepsilon_{i+1} - \varepsilon_i}{t_{i+1} - t_i} + \beta \tag{5.3}$$

式中：α_t 为半刚性材料的温缩系数，10^{-6}/℃；t_i、t_{i+1} 分别为相邻两个恒温段的温度值，℃；ε_i、ε_{i+1} 分别为温度 t_i、t_{i+1} 时试件的温缩应变，10^{-6}；β 为温度补偿标准材料的温度收缩系数，10^{-6}/℃。

5.3　试验结果与分析

5.3.1　干缩试验结果与分析

如何采取措施减小半刚性基层材料的干燥收缩是防止半刚性路面收缩开裂的关键，而半刚性基层材料干缩性能的影响因素较多，如基层结合料的类型、结合料的掺量、养护龄期、骨料级配、掺加的外加剂或加筋材料类型等。对于本试验中的聚丙烯纤维水泥稳定碎石来说，对其干缩影响比较大的因素有试件的养护龄期、水泥掺量、纤维掺量，干缩试验具体的结果如表 5.1 所示。限于篇幅，仅列出配合比 PPS00 和 PPS06 干缩过程 28 d 试验数据(见表 5.2)。

表 5.1　干缩试验结果

试件编号	水泥掺量 M_c(%)	纤维掺量 V_f(‰)	龄期 T(d)	最大失水量 $\Delta\omega$(%)	最大干缩应变 ε_d(με)	平均干缩系数 α_d(με/%)
PPS00-5-03	5	0	3	3.97	353	88.9
PPS00-5-07	5	0	7	4.08	235	57.6
PPS00-5-14	5	0	14	4.18	220	52.6
PPS00-5-28	5	0	28	4.30	212	49.3
PPS04-5-07	5	0.4	7	4.20	197	46.9
PPS04-5-28	5	0.4	28	4.35	179	41.1
PPS06-5-03	5	0.6	3	4.09	276	67.5
PPS06-5-07	5	0.6	7	4.18	177	42.3
PPS06-5-14	5	0.6	14	4.31	160	37.1
PPS06-5-28	5	0.6	28	4.42	151	34.2
PPS08-5-07	5	0.8	7	4.14	156	37.7
PPS08-5-28	5	0.8	28	4.32	132	30.6
PPS10-5-07	5	1.0	7	4.05	138	34.1
PPS10-5-28	5	1.0	28	4.23	121	28.6
PPS06-4-07	4	0.6	7	4.03	145	36.0
PPS06-4-28	4	0.6	28	4.24	129	30.4
PPS06-6-07	6	0.6	7	4.15	248	59.8
PPS06-6-28	6	0.6	28	4.32	224	51.9
PPS06-7-07	7	0.6	7	4.27	320	74.9
PPS06-7-28	7	0.6	28	4.62	307	66.5

表 5.2　不同含水量下的干缩系数

配合比	项目	结果				
PPS00	$\omega_i-\omega_{i-1}$	4.71 ~ 4.01	4.01 ~ 3.33	3.33 ~ 2.85	2.85 ~ 2.63	2.63 ~ 2.33
	ω(%)	4.36	3.67	3.09	2.74	2.48
	$\Delta\omega$(%)	0.68	0.68	0.48	0.22	0.3
	α_d(με/%)	56.7	55.3	59.1	64.4	66.6
	$\omega_i-\omega_{i-1}$	2.33 ~ 2.09	2.09 ~ 1.73	1.73 ~ 1.27	1.27 ~ 0.75	0.75 ~ 0.49
	ω(%)	2.21	1.91	1.50	1.01	0.62
	$\Delta\omega$(%)	0.24	0.36	0.46	0.52	0.26
	α_d(με/%)	70.7	56.5	42.8	27.1	9.2
PPS06	$\omega_i-\omega_{i-1}$	4.79 ~ 4.15	4.15 ~ 3.57	3.57 ~ 3.06	3.06 ~ 2.68	2.68 ~ 2.28
	ω(%)	4.47	3.86	3.315	2.87	2.48
	$\Delta\omega$(%)	0.64	0.58	0.51	0.38	0.40
	α_d(με/%)	34.58	36.0	37.56	44.73	20.0
	$\omega_i-\omega_{i-1}$	2.28 ~ 2.0	2.0 ~ 1.615	1.615 ~ 1.245	1.245 ~ 0.845	0.845 ~ 0.455
	ω (%)	2.14	1.81	1.43	1.045	0.65
	$\Delta\omega$(%)	0.28	0.38	0.37	0.4	0.39
	α_d(με/%)	50.78	46.26	35.6	18.9	8.7

5.3.1.1　试件养护龄期对干缩性能的影响

图 5.2 为随养护龄期增长普通水泥稳定碎石与聚丙烯纤维水泥稳定碎石平均干缩系数的变化规律。由图 5.2 可以看出，0.6‰体积掺量的聚丙烯纤维对水泥稳定碎石各个龄期的平均干缩系数有明显的降低作用。随养护龄期的增长，普通水泥稳定碎石与聚丙烯纤维水泥稳定碎石的平均干缩系数都有减小的趋势。在试件成型的最初 7 d 内，平均干缩系数随龄期急剧减小，而当龄期超过 7 d 后，平均干缩系数随龄期增长较慢，并逐渐趋于稳定。这表明了水泥稳定碎石基层的干缩主要发生在基层混合料摊铺碾压后的初期，也就是在基层刚铺筑后的一周内，在此期间要采取措施防止基层含水量过快损失，这对于减少干缩裂缝是有益的。

上述聚丙烯纤维水泥稳定碎石干缩特性随龄期的变化规律，主要是由于半刚性材料干缩系数与材料的刚度成反比，与其含水量成正比[236]，而各龄期试件饱和含水量变化不大，所以其干缩应变主要受到刚度的影响。在试件成型后的初期阶段，聚丙烯纤维水泥稳定碎石内部各结晶及胶结物不断生成，并在聚丙烯纤维作用下，颗粒间的联结性及整体性越来越强，材料的强度和刚度增长较快，因此干缩系数降低较快。随着龄期的不断增长，水泥稳定碎石的强度和刚度逐渐形成，内部的孔隙被纤维和胶结物挤占而不断减小，引起干缩的作用力的作用范围缩小，从而干缩系数的减小趋于缓慢。

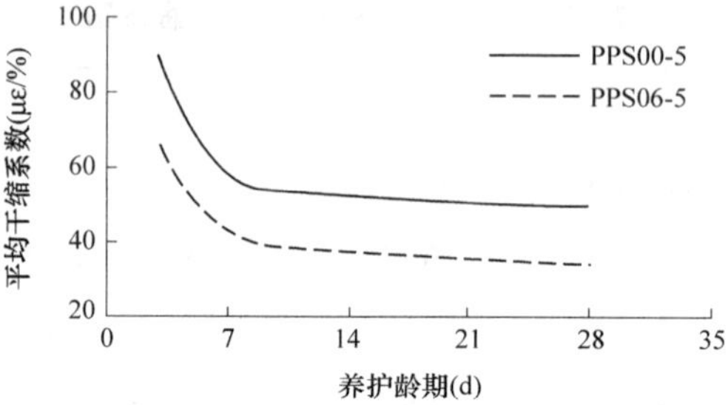

图 5.2　试件养护龄期对平均干缩系数的影响

5.3.1.2　聚丙烯纤维掺量对干缩性能的影响

图 5.3 给出了不同纤维掺量聚丙烯纤维水泥稳定碎石与普通水泥稳定碎石 28 d 龄期平均干缩系数的比较结果。当水泥稳定碎石中掺入聚丙烯纤维后，由于此时表层材料中存在纤维材料，其失水面积有所减小，水分迁移较为困难，从而使毛细管失水收缩形成的毛细管张力有所减小，同时由于纤维与基体之间界面的黏结力、机械啮合力等，因而平均干缩系数有明显的减小。随着聚丙烯纤维体积掺量的增加，平均干缩系数逐渐减小。这主要是由于随着纤维掺量的增加，在水泥稳定碎石混合料里面各个方向乱向分布的纤维根数增加，根据纤维间距理论[237~239]，相邻纤维间的间距减小，纤维对混合料及胶结物的约束力也随之增加，对混合料干缩的限制增强。

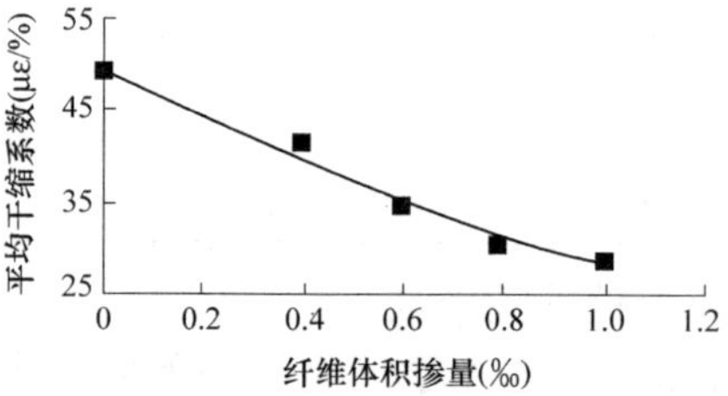

图 5.3　纤维体积掺量对平均干缩系数的影响

根据试验结果的回归分析，得出了聚丙烯纤维水泥稳定碎石平均干缩系数与聚丙烯纤维体积掺量的回归关系式如下(相关系数为 0.984 3)

$$\alpha_d(V_f) = 5.949\,9V_f^{\ 2} - 27.624V_f + 49.659 \tag{5.4}$$

式中：α_d 为聚丙烯纤维水泥稳定碎石平均干缩系数，με/%；V_f 为聚丙烯纤维体积掺量(‰)。

5.3.1.3　水泥掺量对干缩性能的影响

水泥掺量的变化对半刚性基层材料的干缩性能有很大的影响，文献[201]指出，水泥级配骨料和水泥级配骨料土的水泥剂量在小于 6%时，干缩系数最小，超过 6%后，混合料的干缩系数增大，文献[231]也通过试验表明了 8%水泥掺量的水泥稳定碎石干缩系数最大。图 5.4 给出了聚丙烯纤维掺量为 0.6‰的水泥稳定碎石随着水泥掺量的增加，其平均干缩系数的变化规律，从图中可看出，随着水泥剂量的增加，聚丙烯纤维水泥稳定碎石平均干缩系数逐渐增加，特别是当水泥掺量大于 5%后，随水泥剂量的增加，平均干缩系数增长得非常明显，这一点基本上和普通水泥稳定碎石有一致的规律[9]。水泥量的增加使结合料与骨料在水参与下反应生成物的数量增加，大孔增多，毛细孔也相应增多，所以材料整体的比表面积与孔隙率增大，从而增大了材料的干缩系数。水泥稳定碎石强度指标在很大程度上取决于水泥的含量，由前面章节的分析可知，随着水泥剂量的增加，水泥稳定碎石的物理—力学性能将得到改善，但是，水泥掺量的增加对于基层材料抵抗收缩开裂是不利的。因此，在满足密实度、强度等指标的前提下，实际工程中，应考虑尽量降低水泥的用量，最好不要超过 6%。

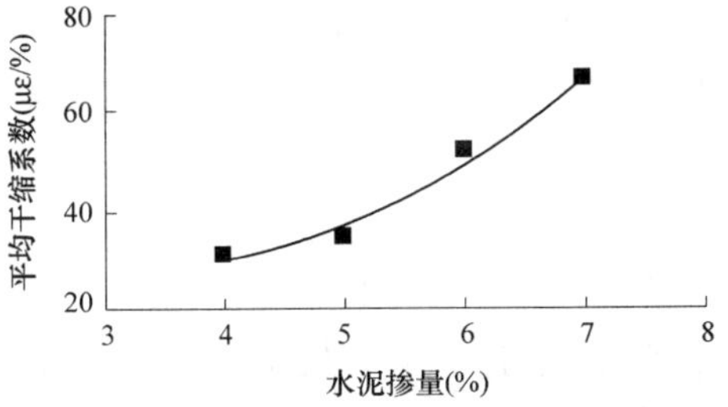

图 5.4 水泥掺量对平均干缩系数的影响

根据试验结果的回归分析，得出了聚丙烯纤维水泥稳定碎石平均干缩系数与水泥掺量的回归关系式如下(相关系数为 0.982 7)

$$\alpha_d(M_c) = 2.7M_c^2 - 17.1M_c + 54.75 \tag{5.5}$$

式中：α_d 为聚丙烯纤维水泥稳定碎石平均干缩系数，με/%；M_c 为水泥掺量(%)。

5.3.1.4 含水量变化与干缩的关系

图 5.5 为 28 d 龄期两对比配合比干缩系数与含水量变化的关系，从图中可看出，掺加纤维的和未掺加纤维的水泥稳定碎石干缩系数随含水量变化的关系都是一条近似抛物线，即起初随着含水量的散失，干缩系数逐渐增大，在含水量减小到 2%~2.5%时,干缩系数达到最大值，随后干缩系数又逐渐减小。由图 5.5 可知，干缩系数达到最大值前的曲线较之最大值之后要陡，即在干缩系数达到最大值前，其变化速率明显要大于达到最大值之后的变化速率。在整个含水量减小的过程中，由于聚丙烯纤维的掺入阻止了水泥稳定碎石的干缩，因而掺加聚丙烯纤维的水泥稳定碎石干缩系数始终都比未掺加纤维的干缩系数要小，曲线变化也较平缓。

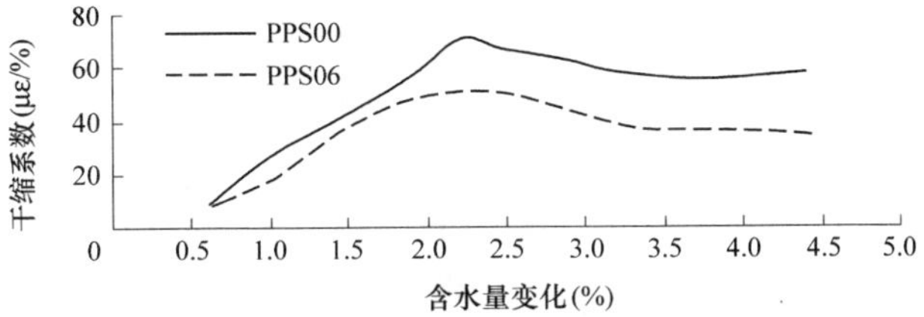

图 5.5 干缩系数与含水量变化的关系

干缩系数随含水量减小的变化趋势与毛细管张力作用、吸附水和分子间力作用以及层间水的收缩力作用三个因素密切相关[5, 82]。随着含水量的减小，毛细管张力首先单独起作用，随着水分的散失，毛细管孔径越来越细，弯液面曲率半径逐渐变小，从而使毛细管张力越来越大，干燥收缩力也越来越大。在毛细管张力仍在微弱地起作用的后期，吸附水和分子间力的作用开始产生并逐渐增强，但这一增强的趋势也是很有限度的。这是由于颗粒间同时也存在着排斥力，这种排斥力源于颗粒间中央处结合水的离子浓度高于离颗粒表面很远处正常水溶液离子浓度，从而出现渗透压力，即水分子向粒间渗透，使颗粒互相排斥。所以，随着颗粒间距的进一步减小，吸附水和分子间力的作用达到最大值并开始逐渐减弱。在吸附水和分子间力的影响减弱的过程中，层间水的收缩力作用开始变得明显，但它随着晶胞层间距离的变小，颗粒之间斥力逐渐增强，从而对宏观收缩的影响越来越弱。在含水量散失过程的不同阶段，上述几种作用力体现在相应的作用力合力上，而这种合力的发展规律恰好也为一个近似的抛物线。

5.3.2 温缩试验结果与分析

对于水泥稳定碎石半刚性基层材料，不仅希望其强度、模量、干缩性能等满足路用性能要求，而且希望其在温度状况变化时，具有较小的变形。由第 2 章的分析可知，水泥稳定碎石在环境温度降低时会不可避免地发生温缩，但是可以采取措施将其温缩降低到最小程度。同减小干缩一样，尽量减小半刚性基层材料温缩也是防止半刚性路面收缩开裂的关键。对于聚丙烯纤维水泥稳定碎石而言，其温缩性能不仅与普通水泥稳定碎石温缩性能的影响因素有关，而且受到聚丙烯纤维掺量等因素的影响。本试验中针对不同养护龄期、不同水泥掺量、不同纤维掺量的聚丙烯纤维水泥稳定碎石进行了大量的试验，试验结果如表 5.3 所示。限于篇幅，仍仅列出配合比 PPS00 和 PPS06 温缩过程 28 d 试验数据(见表 5.4)。

表 5.3 温缩试验结果

试件编号	水泥掺量 M_c(%)	纤维掺量 V_f (‰)	龄期 T(d)	最大温缩应变 ε_t (με) (40~ −20 ℃)	平均温缩系数 α_t (με/℃) (40~ −20 ℃)
PPS00-5-07	5	0	7	408	6.80
PPS00-5-14	5	0	14	435	7.25
PPS00-5-28	5	0	28	480	8.00
PPS00-5-60	5	0	60	492	8.20
PPS04-5-14	5	0.4	14	417	6.95
PPS04-5-28	5	0.4	28	465	7.75
PPS06-5-07	5	0.6	7	332	5.88
PPS06-5-14	5	0.6	14	403	6.42
PPS06-5-28	5	0.6	28	433	7.22
PPS06-5-60	5	0.6	60	441	7.35
PPS08-5-14	5	0.8	14	350	5.83
PPS08-5-28	5	0.8	28	404	6.73
PPS10-5-14	5	1.0	14	326	5.43
PPS10-5-28	5	1.0	28	378	6.30
PPS06-4-14	4	0.6	14	352	5.87
PPS06-4-28	4	0.6	28	397	6.62
PPS06-6-14	6	0.6	14	421	7.02
PPS06-6-28	6	0.6	28	470	7.83
PPS06-7-14	7	0.6	14	439	7.32
PPS06-7-28	7	0.6	28	485	8.08

表 5.4　不同温度区间的温缩系数

配比编号	不同温度(℃)区间的温缩系数 α_t (με/℃)					
	40~30	30~20	20~10	10~0	0~–10	–10~–20
PPS00	8.7	8.0	8.1	7.4	8.2	7.6
PPS06	7.5	7.6	7.4	6.9	7.15	6.75

5.3.2.1　试件养护龄期对温缩性能的影响

图 5.6 为随养护龄期增长普通水泥稳定碎石与聚丙烯纤维水泥稳定碎石平均温缩系数的变化规律。由图 5.6 可以看出，0.6‰体积掺量的聚丙烯纤维对水泥稳定碎石各个龄期的平均温缩系数有明显的降低作用。随着养护龄期的增长，普通水泥稳定碎石与聚丙烯纤维水泥稳定碎石的平均温缩系数是逐渐增大的，但是当龄期小于 28 d 时，平均温缩系数随龄期增长较快，而当龄期大于 28 d 后温缩系数增长较缓慢。因此，实际工程中建议在水泥稳定碎石铺筑后的一个月时间内应尽快铺筑沥青面层，以减少基层温缩裂缝。

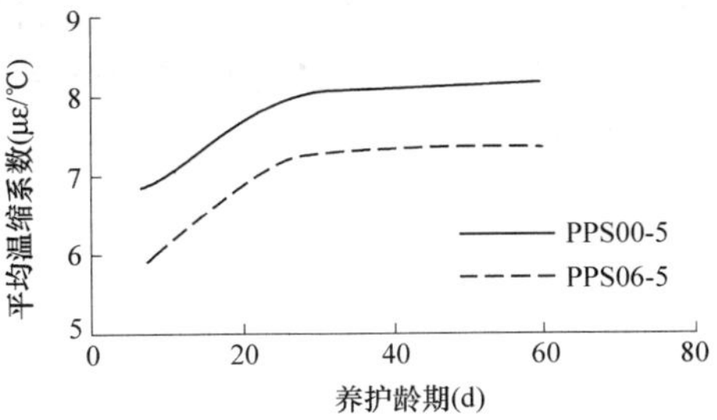

图 5.6　试件养护龄期对平均温缩系数的影响

相关文献中推导出了干燥状态下固相半刚性材料温缩系数的近似计算公式[167]，如下所示

$$\alpha_t = \frac{\alpha_{t1}F_1V_1 + \alpha_{t2}F_2V_2 + \cdots + \alpha_{ti}F_iV_i}{F_1V_1 + F_2V_2 + \cdots + F_iV_i} \tag{5.6}$$

$$F_i = \frac{E_i}{3(1-2\mu_i)} \tag{5.7}$$

式中：α_t 为半刚性材料的温缩系数；F_i 为各组成材料的体积弹性模量；α_{ti} 为各组成单元的温缩系数；V_i 为各组成单元的体积率；E_i 为各组成材料的弹性模量；μ_i 为泊松比。

由式(5.6)、式(5.7)可知，干燥状态下水泥稳定类半刚性材料的温缩系数主要由所含各组成单元的弹性模量、体积率和温缩系数决定。形成水泥稳定碎石强度的主要胶结物——$Ca(OH)_2$、$CaCO_3$ 等晶体以及主要水化物——含水硅酸钙(C-S-H)凝胶、含水铝酸钙(C-Al-H)凝胶等具有比原材料高的强度和比较大的温缩系数。随着龄期的增长和水泥水化硬化反应的进一步进行，这些胶结物在整体材料中所占比例越来越大，而它们本身的温缩系数又比骨料大，因此温缩系数随龄期而增加。当龄期小于 28 d 时，各胶结物晶体及凝胶生成速率较快，同时由于结构逐渐趋于紧密，材料颗粒间联结力不断增强，所以在宏观上表现为温缩系数随龄期而增长较快；当龄期大于 28 d 时，各种化学作用过程逐渐缓慢，胶结物生成速度减慢，伴随着水泥稳定碎石材料整体力学强度的提高，较高强度的胶结物对材料颗粒的牵制、约束作用越来越强，从而颗粒在外力作用下，微移动潜力减弱，更容易协同抵抗外力[29]，因此宏观表现为温缩系数增长缓慢。

5.3.2.2　聚丙烯纤维掺量对温缩性能的影响

图 5.7 给出了不同纤维掺量聚丙烯纤维水泥稳定碎石与普通水泥稳定碎石平均温缩系数的比较结果。从图 5.7 可以看出，聚丙烯纤维能较好地抑制水泥稳定碎石的温缩，如纤维体积掺量为 1‰的聚丙烯纤维水泥稳定碎石 28 d 龄期平均温缩系数与基准水泥稳定碎石相比，降低了 21%。在聚丙烯纤维体积掺量小于 1‰的范围内，随着纤维掺量的增加，其平均温缩系数呈减小趋势。当纤维体积掺量小于 0.4‰时，随着纤维掺量的增加，平均温缩系数降低较缓慢，此后随着纤维掺量的继续增加，平均温缩系数降低较快。由此可见，在实际应用中，聚丙烯纤维体积掺量应超过 0.4‰，这样才能起到减小水泥稳定碎石温缩的效果。聚丙烯纤维水泥稳定碎石材料是一种复合材料，其温缩性能取决于水泥稳定碎石基体和聚丙烯纤维材料的综合作用[82]，当该复合材料经受降温而发生体积收缩时，由于聚丙烯纤维的温缩系数较小，仅为水泥稳定碎石材料的 1/10 左右，对温度不敏感，且其在水泥稳定碎石中呈三维乱向分布，因而聚丙烯纤维掺入水泥稳定碎石中对其平均温缩系数的减小效果是很明显的。

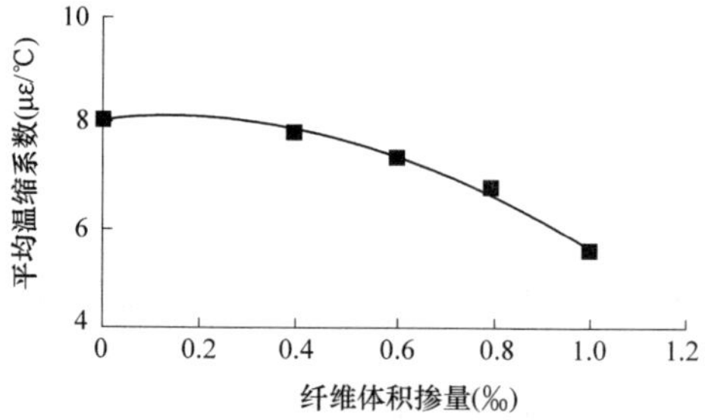

图 5.7　纤维体积掺量对平均温缩系数的影响

根据试验结果的回归分析，得出了聚丙烯纤维水泥稳定碎石平均温缩系数与聚丙烯纤维体积掺量的回归关系式如下(相关系数为 0.987 5)

$$\alpha_t(V_f) = 7.978\ 6 - 3.339\ 3V_f^{\ 2} + 0.875V_f \tag{5.8}$$

式中：α_t 为聚丙烯纤维水泥稳定碎石平均温缩系数，με/℃；V_f 为聚丙烯纤维体积掺量(‰)。

5.3.2.3　水泥掺量对温缩性能的影响

图 5.8 给出了聚丙烯纤维掺量为 0.6‰时水泥稳定碎石随着水泥掺量的增加，其平均温缩系数的变化规律。水泥的用量对混合料的温缩变形程度有一定的影响，不同水泥剂量范围内，水泥掺量对温缩性能的影响不一样。从图 5.8 中可以看出，随着水泥剂量的增加，聚丙烯纤维水泥稳定碎石平均温缩系数逐渐增加。但是，当水泥掺量大于 6%后，水泥掺量的增加对聚丙烯纤维水泥稳定碎石平均温缩系数的增加不明显。当水泥掺量较低时，随着水泥含量的增加，具有较高强度及收缩性能的水泥水化物增加时，使聚丙烯纤维水泥稳定碎石的平均温缩系数增加明显，而当水泥掺量进一步增加时，较高强度的

胶结物对材料颗粒的牵制、约束作用越来越强，因而温缩系数增长的速率比较缓慢。综合水泥掺量对聚丙烯纤维水泥稳定碎石干缩性能和温缩性能的影响，在实际工程中水泥掺量最好不要超过 6%。

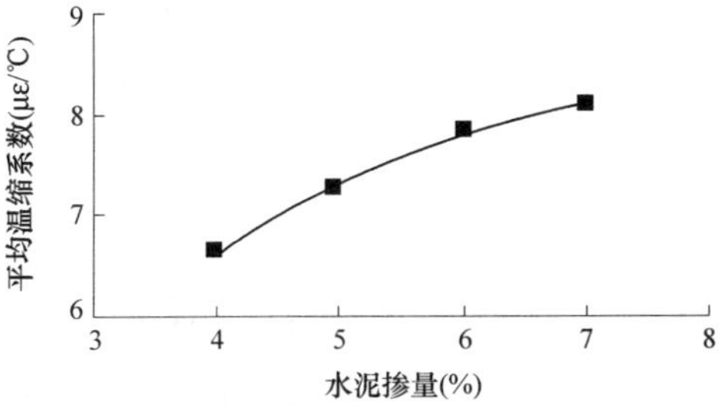

图 5.8　水泥掺量对平均温缩系数的影响

根据试验结果的回归分析，得出了聚丙烯纤维水泥稳定碎石平均温缩系数与水泥掺量的回归关系式如下(相关系数为 0.994 7)

$$\alpha_t(M_c) = 2.155\,5 - 0.087\,5M_c^{\ 2} + 1.461\,5M_c \tag{5.9}$$

式中：α_t 为聚丙烯纤维水泥稳定碎石平均温缩系数，με/℃；M_c 为水泥掺量(%)。

5.3.2.4　温度变化与温缩的关系

图 5.9 为 28 d 龄期两对比配合比温缩系数与温度的关系。由图 5.9 可以看出，不掺加聚丙烯纤维的水泥稳定碎石在整个试验温度区间(–20~40 ℃)内随着温度的降低，其温缩系数的变化较明显，而掺加聚丙烯纤维的水泥稳定碎石在该温度区间内其温缩系数随温度变化比较平缓，但是它们变化的大致趋势是相同的。在整个温度变化范围内，掺加聚丙烯纤维的水泥稳定碎石的平均温缩系数始终比未掺加聚丙烯纤维的低，两配合比的温缩系数都在 0 ℃达到最小值，平均温缩系数整体上呈波浪形起伏。

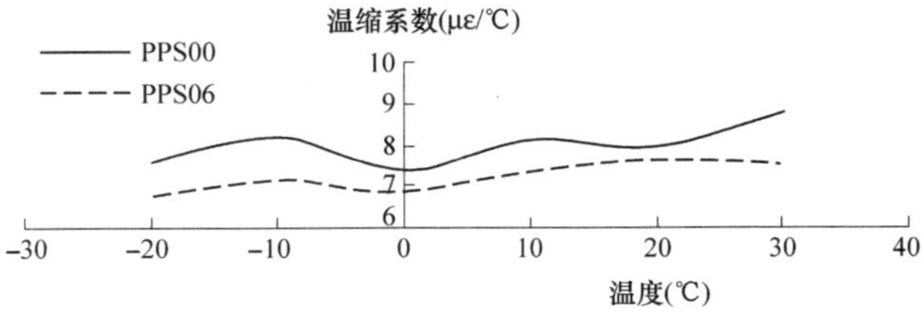

图 5.9　温缩系数与温度的关系

上述水泥稳定碎石温缩系数之所以出现这样的变化规律跟半刚性基层材料的温度特性是分不开的。当环境温度下降时，材料内部毛细管中弯液面表面张力和弯液面内外压力差均增大，只有这种作用力超过了毛细管壁颗粒内部的联结力时，温缩系数才会增加[82]。在降温过程中的高温区，毛细管中弯液面表面张力和弯液面内外压力差均比较小，所以随着温度的下降，温缩系数逐渐变小。由于自由水的冰点一般在 4 ℃左右，因而当温度降低到 0 ℃附近时，部分重力水和自由水开始结冰产生体积膨胀，抵消了部分温缩变形，但是由于这部分水含量极少，所以冰冻作用不明显，表现在温缩系数与温度的关系图上，温缩系数略有减少，并达到最小值。当温度降到 0 ℃以下后，毛细管张力有可能大于颗粒的联结力，使温缩系数很快增加，而当温度降至–10 ~ –20 ℃时，可能是因为毛细管中水的冰点一般在–10~ –20 ℃，当温度降到该区间时，大部分孔隙水结冰，使整体体积发生膨胀，从而表现为温缩系数在该温度区间内又开始减小[4]。

5.4　结束语

高等级公路半刚性基层沥青路面产生裂缝的主要根源就是半刚性基层的干燥收缩和温度收缩，特别是对于水泥稳定碎石基层来说，由于该材料本身的干缩特性和温缩特性，这两种收缩在工程中是不可避免的。但是，可以采取一定的措施来减小这两种收缩，聚丙烯纤维掺入普通混凝土中可以有效地减小其收缩。为了得出聚丙烯纤维对水泥稳定碎石干缩性能和温缩性能的影响规律，本章分别对聚丙烯纤维水泥稳定碎石的干缩性能和温缩性能进行了大量的试验研究，对试验龄期、水泥掺量、纤维掺量等因素对聚丙烯纤维水泥稳定碎石收缩性能的影响进行了详细分析，得出如下结论：在聚丙烯纤维掺量一定的前提下(其体积掺量不超过 1‰)，聚丙烯纤维的掺入可以有效地减小水泥稳定碎石的干缩系数和温缩系数。随着养护龄期的增长，不管是掺聚丙烯纤维的还是未掺聚丙烯纤维的水泥稳定碎石平均干缩系数均逐渐降低，而平均温缩系数均逐渐增加；随着纤维掺量的增加，聚丙烯纤维水泥稳定碎石的平均干缩系数和平均温缩系数都是减小的；随着水泥掺量的增加，聚丙烯纤维水泥稳定碎石的平均干缩系数和温缩系数都有增大的趋势。聚丙烯纤维能有效地提高水泥稳定碎石的抗干缩和抗温缩能力，使材料的平均干缩系数和平均温缩系数有明显的减小，从而可以显著地提高水泥稳定碎石基层的抗裂性能，在道路工程中具有良好的应用前景。聚丙烯纤维对水泥稳定碎石收缩性能的限制作用受纤维掺量和水泥掺量的影响较大，因而在实际应用中应注意纤维和水泥的用量。

第 6 章　聚丙烯纤维水泥稳定碎石断裂性能试验研究

6.1 引　言

混凝土的断裂韧度是描述混凝土力学性能的一个重要指标，它是对混凝土材料进行断裂分析的重要依据，反映了混凝土抵抗裂缝扩展的能力。自 1961 年 M.F.Kaplan 首次将断裂力学概念引用于混凝土并进行断裂韧度(K_{IC})试验以来，许多学者对混凝土断裂韧度进行了大量的试验和理论研究[240~244]，研究表明，用断裂韧度作为混凝土裂缝失稳扩展的判据是可行的。混凝土断裂能(G_F)是国际材料与结构实验室联合会(RILEM)混凝土断裂力学委员会推荐的一个最为重要的混凝土非线性断裂力学参数。断裂能表示断裂单位面积上所吸收的外力功，外力在试件上所做的功全部被扩展的裂缝所消耗，它是描述材料对裂缝扩展阻力大小的参数，它的大小标志着材料裂纹扩展的难易程度。随着国内外研究者对混凝土断裂能研究的加强[245~249]，逐渐地，断裂能 G_F 也成为混凝土断裂性能常用的表征参数。对混凝土抗裂缝扩展能力的分析还有裂缝张开位移理论，该理论最早是由 A.A.Wells 于 1961 年提出来的，他认为当裂缝张开位移达到材料的临界裂缝张开位移时，裂缝即发生失稳扩展。对裂缝体施加荷载后，裂缝尖端附近存在的塑性区将导致裂缝尖端的表面张开，这个张开量就是裂缝张开位移[250]。裂缝张开位移包括两种，即裂缝嘴张开位移和裂缝尖端张开位移，当裂缝体的裂缝嘴张开位移达到临界裂缝嘴张开位移、裂缝尖端张开位移达到临界裂缝尖端张开位移时，裂缝就会发生失稳扩展。

由研究资料可知[251~258]，聚丙烯纤维加入水泥砂浆和混凝土中对基体材料的断裂韧度有一定的提高。郑州大学的王占桥[259]通过对聚丙烯纤维高强混凝土断裂性能的试验研究得出：聚丙烯纤维对高强混凝土的断裂韧度没有太大影响，对高强混凝土的断裂能有一定程度的提高，能较好地改善高强混凝土的裂后行为；随着聚丙烯纤维的加入，聚丙烯纤维高强混凝土临界裂缝嘴张开位移有不同程度的提高；聚丙烯纤维可以改善高强混凝土的裂缝尖端位移场分布。聚丙烯纤维的主要工作原理在于控制水泥基体微裂缝的生成及发展，缓和混凝土内部应力集中，防止或阻碍混凝土裂缝的生成，提高混凝土的变形能力，改善混凝土的裂后行为，增加混凝土的变形能量和韧性。同传统的钢纤维相比，聚丙烯纤维的荷载传递效应主要表现在早期的阻裂效应中，即能钝化裂缝尖端的应力集中，约束裂缝的扩展。

水泥稳定碎石不管是其混合料的拌制、试件的成型方式、施工工艺，还是其工作性能等，都不同于普通混凝土，但是它又和混凝土存在着很多的相同之处。两者都是水泥基建筑材料，所采用的原材料一样，虽然拌和物工作性能相差很大，但硬化后材料的物理力学性能非常相似，都属于脆性材料。因此，对于水泥稳定碎石的断裂性能，同样可以采用混凝土的断裂判据和分析理论。水泥稳定碎石同混凝土一样，都是由骨料颗粒和水泥浆基体构成的复合材料，其断裂过程受控于材料中原有的损伤、缺陷和微裂缝，其破坏过程实质上就是损伤及微裂缝的萌生、扩展、贯通直至失稳断裂的过程，因而其断裂问题比理想的脆性材料要复杂得多。目前，国内外对半刚性基层材料断裂性能的研究很少，仅有东南大学的王宏畅等[68]采用三点弯曲试验方法对水泥碎石、水泥粉煤灰稳定碎石和二灰碎石的断裂韧度进行了测试。但是，他们采用的试件为 7 cm×7 cm×24 cm 的小梁式试件，由文献[260]~[262]可知，类似混凝土之类的脆性材料的断裂韧度存在着尺寸效应，并且对于半刚性材料采用该小梁试件其测试结果存在着很大的离散性，因而作为对半刚性材料断裂试验的尝试，还存在不足之处。在目前相关的研究资料里，尚未发现对聚丙烯纤维增强半刚性基层材料断裂性能试验方面的研究，因此对聚丙烯纤维水泥稳定碎石断裂性能的试验研究将具有重要的理论价值，同时也将为人工合成纤维在高等级公路路面基层中的推广应用提供新的力学依据。

聚丙烯纤维掺入水泥稳定碎石后，由前面章节的试验分析可知，可以有效地减小水泥稳定碎石的模量和收缩性能，提高水泥稳定碎石的抗拉强度和抗弯拉强度，因而应该也能够提高水泥稳定碎石的断裂韧度。本章从断裂力学理论出发，参考混凝土断裂试验，采用三点弯曲试验方法，研究试验龄期、纤维掺量和水泥掺量对聚丙烯纤维水泥稳定碎石断裂韧度(K_{IC})、断裂能(G_F)、裂缝嘴张开位移(*CMOD*)和裂缝尖端张开位移(*CTOD*)等断裂参数的影响，分析聚丙烯纤维对聚丙烯纤维水泥稳定碎石裂缝前缘应变场分布的影响。

6.2 聚丙烯纤维水泥稳定碎石断裂性能试验方法

按照断裂力学的研究思路，试件一般要预制一个初始裂缝，以保证断裂从预制裂缝尖端开始扩展[258]。用于研究拉伸断裂的试样可以分为直接拉伸试样、三点(四点)弯曲试样和劈裂试样。从理论上讲，测量水泥稳定碎石断裂参数的最好方法是单轴直接拉伸法，因为直接拉伸试验能够直接地反映材料的拉伸力学性能，但是该法对试验机和试件的制作要求非常苛刻，要求试验机具有非常高的刚度，上下夹具高度对中，试件的尺寸也要非常准确。刚度稍差的机器往往不能测出荷载—位移曲线的下降段，从而无法计算断裂能，而上下夹具的对中度不好或试件制作的尺寸不准确会导致直接拉伸试件受拉截面上应力分布不均匀，严重影响测试结果的准确性和可信度[254]。因此，单轴直接拉伸法的测试方法难以实现。

三点弯曲法是国际材料与结构实验室联合会(RILEM)混凝土断裂力学委员会推荐的测试方法[263]，本试验中对聚丙烯纤维水泥稳定碎石断裂参数的测试采用该种方法。根据现有的研究资料，混凝土断裂参数存在着尺寸效应，而对于水泥稳定碎石断裂参数来说虽然没有资料证实其存在着尺寸效应，但应该跟试件的尺寸有很大关系。为便于比较各种不同配合比聚丙烯纤维水泥稳定碎石的断裂性能，本试验均采用同一外形尺寸、同一裂缝尺寸的单一尺寸试件进行断裂参数测试。试件为 100 mm×100 mm×515 mm 的中梁试件，试件的切口相对深度 a_0/h 采用 0.2，即切口深度为 20 mm。配合比 PPS00 和 PPS06 各成型 4 组，分别用于测试其 14 d、28 d、60 d、90 d 断裂参数，其他 6 个配合比各成型 1 组，用于测试其 60 d 断裂参数，每组 6 个试件，去除不合格试件及试验操作不当而损坏的试件，保证每组完整测试 4 个试件。试件均以最佳含水量、最大干密度和 98%的压实度静压成型。

试验中采用电阻应变片法对聚丙烯纤维水泥稳定碎石三点弯曲试件裂缝前缘应变场的变化规律进行了研究。试验中采用 S2120-40AA 型电阻应变片，测量标距为 4 cm，电阻值为 120 Ω。应变片使用前要先用万用表检查应变片是否断线或短路，并测量其电阻值，其实际电阻值与名义电阻值(120 Ω)之差应不超过 ± 0.5%，然后根据电阻值大小分组，测试每一组试件用电阻值相同的应变片。在试件到达试验龄期的前两天，将用于进行断裂试验的试件从养护室中取出，进行切缝。切缝前先对切缝位置进行打线定位，即在试件的底面中间部位用铅笔画出切割线，调整小型电动切割机切轮的切割深度为 2 cm，然后进行切缝，注意要保证切缝不能弯曲。切割后用钢尺检验切缝的深度是不是均为 2 cm，如果深度不够，要进行补切，切缝后将试件放置一段时间，等试件表面干燥后进行应变片的粘贴。用砂纸将试件侧面磨光，再用丙酮擦掉表面遗留的石屑，然后用黏结剂粘贴应变片。黏结剂由环氧树脂加聚酰胺固化而成，两者的掺配比例可根据固化的时间灵活调整。在粘贴应变片前，应事先用直尺将应变片粘贴的位置确定出，用铅笔将位置标出，即在试件一侧预切缝顶端垂直于缝的方向画第一条线，然后向上依次每隔 20 cm 画一条平行线，应变片的粘贴位置如图 6.1 所示。将拌和好的黏结剂用一个较薄的塑料板在粘贴应变片的部位抹上薄薄的一层，范围比应变片的大小稍微大一些，然后对照铅笔做出的标记粘贴应变片，盖上塑料膜并排去应变片与试件之间的气泡，注意不要使应变片的两个引出线粘在一起，以防应变片短路。

图 6.1 应变片的粘贴

所有试验均在 3 000 kN 数显液压试验机上进行，荷载传感器的量测范围为 0~30 kN。为了保证试验机刚度，避免试验机在试件开裂时将试验机机体内蓄积的弹性变形能释放给试件，使得荷载达到峰值后试件立即断裂而无法测定断裂全曲线，必须在试验机的上、下压板之间增加刚性组件。本试验中采用四个特制的钢筒内部加弹簧组件，分别置于两根钢梁下面(见图 6.2)，这样可以使荷载先由试验机施加到刚性组件上，然后再通过荷载传感器传递给试件。

图 6.2　三点弯曲试验的加载装置

待粘贴应变片的应变胶固化后，将各应变片(包括补偿块的应变片)的引线通过电线与应变采集仪连接起来。然后在试件底部预切口中间部位切缝两侧和粘贴应变片一侧的试件侧面预切缝顶端分别用 502 胶粘贴一对小铁块，分别用于固定测试裂缝嘴张开位移和裂缝尖端张开位移的夹式引伸仪。梁式试件跨中挠度 δ 的测量采用百分表电测法，百分表通过角铁制作的表架固定在试件未粘贴应变片的侧面，在试件底部同侧中间部位粘贴一小玻璃片，使百分表测量端头顶在玻璃片上。待上述准备工作完成后，小心地将试件放置在试验机下高度和间距事先调试好的支座上，放上荷载传感器，将夹式引伸仪固定好，把百分表连同表架固定在试件上，并调整试件的位置，使百分表测试端头、试件上垫块、荷载传感器、荷载传感器上垫块以及试验机上压板的中心均与试件中间部位的预切口中间对齐，如图 6.3 所示。

图 6.3　试件的对中

打开与自动应变采集仪相连计算机上的数据采集软件，试验中所有数据通过该软件自动采集并存储，打开数据采集各通道，并对各初始读数进行平衡，然后打开试验机开始试验。试验时注意加载速度，当试件接近破坏时要降低加载速度。在试验过程中，通

过动态 X~Y 函数记录仪可同时测得竖向荷载 $P_V\sim\delta$、$P_V\sim CMOD$ 和 $P_V\sim CTOD$ 曲线，经过计算机图形处理软件处理，得到了系列聚丙烯纤维增强水泥稳定碎石的 $P_V\sim\delta$、$P_V\sim CMOD$ 和 $P_V\sim CTOD$ 曲线，根据这些试验曲线并结合试验过程中对试验现象的观察，可以对聚丙烯纤维水泥稳定碎石的断裂性能进行定性和定量分析，试验现场如图 6.4 所示。

图 6.4　试验现场

6.3　断裂韧度试验结果与分析

6.3.1　断裂韧度的计算

断裂韧度 K_{IC} 是线弹性断裂力学中的重要参数，对于三点弯曲梁式试件断裂韧度的计算，通常由试验测定的最大竖向荷载 P_{max} 计算出最大跨中弯矩 M_{max}，然后代入 ASTM 建议的断裂韧度计算公式中计算。根据文献[264]，本书中聚丙烯纤维水泥稳定碎石断裂韧度 K_{IC} 的公式为

$$K_{IC}=\frac{M_{max}}{BH^{\frac{3}{2}}}f(\frac{a}{H}) \tag{6.1}$$

$$M_{max}=\frac{(P_{max}+G)L}{4} \tag{6.2}$$

式(6.1)、式(6.2)中：K_{IC} 为水泥稳定碎石的断裂韧度，kN/m$^{3/2}$；M_{max} 为最大跨中弯矩，MPa；P_{max} 为最大竖向荷载，kN；G 为加载附件的重量，G=0.032 kN；H、B、L 分别为梁式试件的高度、宽度和长度，m；a 为预制裂缝的长度，m；$f(\frac{a}{H})$ 是跟 $\frac{a}{H}$ 的值有关的函数，其表达式为

$$f(\frac{a}{H})=2.9(\frac{a}{H})^{\frac{1}{2}}-4.6(\frac{a}{H})^{\frac{3}{2}}+21.8(\frac{a}{H})^{\frac{5}{2}}-37.6(\frac{a}{H})^{\frac{7}{2}}+38.7(\frac{a}{H})^{\frac{9}{2}} \tag{6.3}$$

根据式(6.1) ~ 式(6.3)计算的聚丙烯纤维水泥稳定碎石断裂韧度试验结果见表 6.1。

表 6.1　聚丙烯纤维水泥稳定碎石断裂韧度及断裂能试验结果

试件编号	水泥掺量 M_c(%)	纤维掺量 V_f(‰)	龄期 (d)	最大竖向荷载(kN)	最大跨中挠度(mm)	断裂韧度 ($kN/m^{3/2}$)	断裂能 (N/m)
PPS00-5-14	5	0	14	1.36	2.019	66.41	110.35
PPS00-5-28	5	0	28	1.64	2.230	79.76	128.71
PPS00-5-60	5	0	60	1.73	2.976	83.90	165.71
PPS00-5-90	5	0	90	1.97	3.110	95.40	179.52
PPS04-5-60	5	0.4	60	1.96	4.287	86.60	216.72
PPS06-5-14	5	0.6	14	1.40	2.957	68.25	151.29
PPS06-5-28	5	0.6	28	1.69	3.885	82.06	198.36
PPS06-5-60	5	0.6	60	1.87	4.431	90.34	245.10
PPS06-5-90	5	0.6	90	2.04	5.177	98.62	289.22
PPS08-5-60	5	0.8	60	1.91	5.062	92.18	314.31
PPS10-5-60	5	1.0	60	1.97	5.330	95.40	370.96
PPS06-4-60	4	0.6	60	1.40	6.201	68.25	269.02
PPS06-6-60	6	0.6	60	2.14	3.828	103.23	235.83
PPS06-7-60	7	0.6	60	2.98	2.804	143.26	197.19

6.3.2　断裂韧度的影响因素分析

6.3.2.1　试件养护龄期对断裂韧度的影响

图 6.5 给出了随试件养护龄期增长，普通水泥稳定碎石与聚丙烯纤维水泥稳定碎石断裂韧度的变化规律。由图 6.5 可以看出，随着养护龄期的增长，聚丙烯纤维水泥稳定碎石和普通水泥稳定碎石三点弯曲试件的断裂韧度呈增大趋势。无论是掺加聚丙烯纤维的水泥稳定碎石还是普通水泥稳定碎石，在早期，即当龄期小于 28 d 时，随着龄期增长，断裂韧度的增长速度较快，而当龄期超过 28 d 后，断裂韧度增长的速度较慢。(聚丙烯纤维)水泥稳定碎石的断裂韧度随龄期增长的变化规律与强度有着一致性。(聚丙烯纤维)水泥稳定碎石的破坏实质上是一个裂缝的产生、扩展和失稳过程，而这个过程又将取决于水泥浆体、骨料的相对强度以及它们之间结合面的强度。早期，水化反应速度比较快，使得水泥稳定碎石中裂缝有自愈能力，亦就是使原有张开裂缝成闭合状态，因此水泥稳定碎石抵抗裂缝的形成、扩展以及破坏的能力增长较快；在后期，水化反应速度比较慢，而且水泥水化向水泥胶凝体内部纵深发展，这样对强度有很好的提高作用，但对裂缝闭合等则影响不明显，亦就使得断裂韧度增加缓慢。

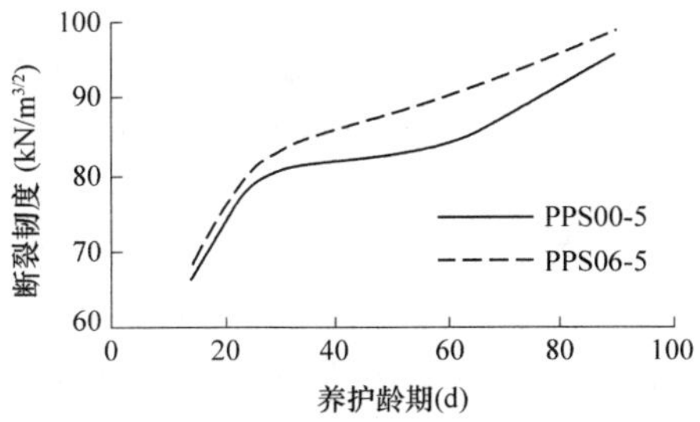

图 6.5 试件养护龄期对断裂韧度的影响

6.3.2.2 聚丙烯纤维掺量对断裂韧度的影响

图 6.6 给出了不同纤维掺量聚丙烯纤维水泥稳定碎石与普通水泥稳定碎石断裂韧度的比较结果(试件养护龄期为 60 d)。从图中可以看出，聚丙烯纤维的掺入使水泥稳定碎石的断裂韧度有所提高，如纤维体积掺量为 1‰时，水泥稳定碎石的断裂韧度由未掺纤维时的 83.90 kN/m$^{3/2}$ 增加到 95.40 kN/m$^{3/2}$，提高了 13.7%。随着纤维体积掺量的增加，断裂韧度有逐渐增加的趋势，但纤维体积掺量小于 0.4‰时，增加不是很明显。

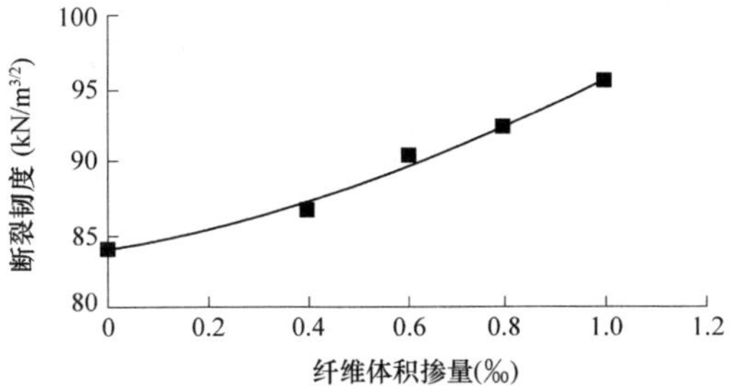

图 6.6 纤维体积掺量对断裂韧度的影响

根据试验结果的回归分析，得出了聚丙烯纤维水泥稳定碎石断裂韧度与聚丙烯纤维体积掺量的回归关系式如下(相关系数为 0.987 5)

$$K_{IC}(V_f) = 5.020\,3V_f^{\ 2} + 0.670\,6V_f + 83.78 \tag{6.4}$$

式中：K_{IC} 为聚丙烯纤维水泥稳定碎石断裂韧度，kN/m$^{3/2}$；V_f 为聚丙烯纤维体积掺量(‰)。

对于聚丙烯纤维对混凝土断裂韧度和断裂能的影响，现有文献的研究结果不尽相同。文献[265]通过尺寸为 100 mm×100 mm×515 mm 的梁式试件的三点弯曲试验，研究了聚丙烯纤维混凝土的断裂韧度。结果表明，聚丙烯纤维可以提高混凝土的断裂韧度，有利于混凝土抵抗裂缝的扩展，并且认为普通混凝土的挠度一旦超过与之相应的极限抗弯强度时试件会突然破坏，而聚丙烯纤维混凝土即使在挠度超过普通混凝土断裂挠度时尚能继续承受相当大的荷载。文献[266]的研究结果认为，在聚丙烯纤维混凝土中，当应力由基体传递给聚丙烯纤维时，纤维因变形而消耗能量，由于聚丙烯纤维具有良好的延伸性，极限变形很大，混凝土一经开裂，聚丙烯纤维跨接在裂缝的表面，阻止裂缝的扩展，当混凝土受拉断裂时，聚丙烯纤维将提高混凝土的断裂韧度。而文献[267]通过三点弯曲和四点弯曲试验研究了低掺量聚丙烯纤维混凝土断裂性能，得出了聚丙烯纤维可以增加混凝土的断裂韧度，但这种增加效果不很明显。郑州大学的王占桥[259]则通过楔劈拉伸试件的试验表明，聚丙烯纤维的加入对高强混凝土的断裂韧度没有影响，甚至会使断裂韧度有所下降，但可以在一定程度上提高高强混凝土的断裂能。

聚丙烯纤维之所以能够提高水泥稳定碎石的断裂韧度，其原因与聚丙烯纤维本身和水泥稳定碎石本身的特点有关。聚丙烯纤维本身弹性模量较低，自身柔和性很好，成束的聚丙烯纤维在与水泥稳定碎石搅拌时，受到砂子、石子、水泥的冲击，被均匀地分散在水泥稳定碎石中，能很好地分布成一种三维乱向支撑的空间网络结构。当试件成型后，随着水泥的不断水化，水泥稳定碎石逐渐失去塑性，开始具有强度。在此过程中，水泥稳定碎石内部由于干燥收缩、温度收缩等原因形成微裂缝，这些微裂缝短时间内不会表现在表面，但随着收缩的继续进行或稍加外力，在表面便会出现宏观的裂缝。水泥稳定碎石中的微小裂缝受荷载作用时发生扩展，纤维能横跨裂缝起到桥联作用，缓解裂缝尖端的应力集中，增加了裂缝的扩张阻力，从而提高了水泥稳定碎石的断裂韧度。但由于水泥稳定碎石胶结料的黏结强度较低，聚丙烯纤维对水泥稳定碎石的极限荷载没有太大的提高，在应力不大的情况下，水泥稳定碎石即达到极限变形，开始开裂，跨越裂缝的聚丙烯纤维的荷载传递能力和约束水泥稳定碎石裂缝扩展的能力相对较弱，因而聚丙烯纤维对水泥稳定碎石断裂韧度的提高存在着局限性。

6.3.2.3　水泥掺量对断裂韧度的影响

图 6.7 给出了聚丙烯纤维水泥稳定碎石随着水泥掺量的增加，其三点弯曲试件断裂韧度的变化规律。从图中可以看出，水泥掺量对断裂韧度的影响很大，水泥掺量从 4% 增加到 7%，聚丙烯纤维水泥稳定碎石断裂韧度是逐渐增加的，并且随水泥掺量的增加，断裂韧度基本上是呈线性增加的。

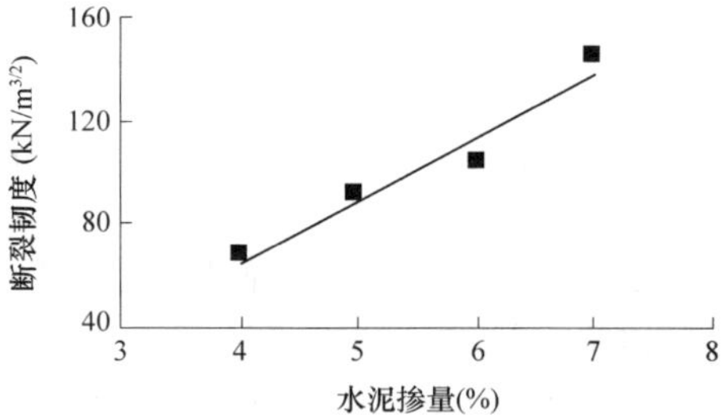

图 6.7　水泥掺量对断裂韧度的影响

根据试验结果的线性回归分析，得出了聚丙烯纤维水泥稳定碎石断裂韧度与水泥掺量的线性回归关系式如下(相关系数为 0.950 8)

$$K_{IC}(M_c) = 23.792M_c - 29.586 \tag{6.5}$$

式中：K_{IC} 为聚丙烯纤维水泥稳定碎石的断裂韧度，$kN/m^{3/2}$；M_c 为水泥掺量(%)。

由式(6.1) ~ 式(6.3)可得出聚丙烯纤维水泥稳定碎石断裂韧度的函数关系表达式为

$$K_{IC} = f(P_{max}, G, L, B, H, a) \tag{6.6}$$

由式(6.6)可以看出，断裂韧度与最大荷载、加载附件的重量以及试件的高度、宽度、长度和预制裂缝长度有关，而加载附件的重量以及试件的高度、宽度、长度和预制裂缝长度均为固定不变的值，因而试件的极限荷载是决定断裂韧度的主要因素，且断裂能随着试件的极限荷载的增加而增加。因此，断裂韧度与水泥掺量的关系和强度与水泥掺量的关系相似，即随着水泥掺量的增加，断裂韧度基本呈线性增加。

6.4　断裂能试验结果与分析

6.4.1　断裂能的计算

根据国际材料和结构实验室联合会(RILEM)的定义，断裂能是当单位面积裂缝扩展单位长度时所做的功，即断裂单位面积上所吸收的外力功，外力在试件上所做的功全部被扩展的裂缝所消耗[268]。作用于三点弯曲切口梁上的外力功由三部分组成：施加于梁上的外荷载所做的功，即荷载—加载点竖向位移(挠度)全过程曲线下的面积；支点间梁的重量所做的功；与试验机不连在一起，又一直施加在梁上直至破坏的加载部件的重量所做的功。所测量的三点弯曲切口梁的荷载—加载点竖向位移曲线如图 6.8 所示，曲线下的面积是能量 W_0。

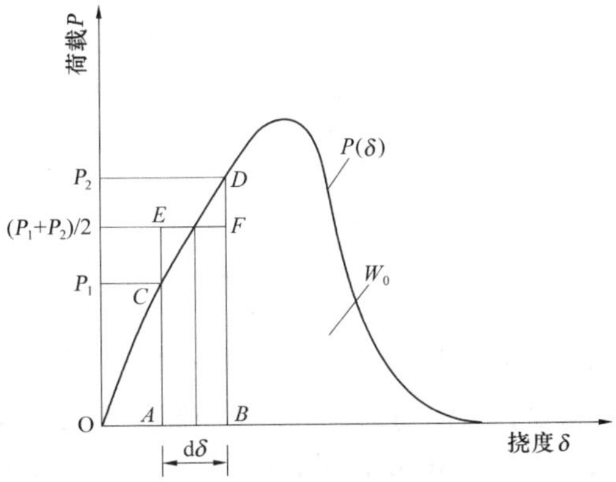

图 6.8　荷载—挠度曲线

对于三点弯曲切口梁，断裂能采用裂缝形成的能量全部为外荷载和梁自重及梁上附加重量所做的功来计算，即

$$G_F = \frac{1}{A_{lig}}\left[\int_0^{\delta} P(\delta)\,\mathrm{d}\delta + (m_1 + m_2) g \delta_{\max}\right] = \frac{1}{A_{lig}}\left[W_0 + (m_1 + m_2) g \delta_{\max}\right] \tag{6.7}$$

$$A_{lig} = B(H - a) \tag{6.8}$$

式中：G_F 为断裂能，N/m；A_{lig} 为试件断裂韧带面积，m^2；W_0 为荷载—挠度曲线下的面积，N · m；$P(\delta)$ 为荷载—挠度曲线函数表达式；δ、$\delta_{\max}$ 分别为试件的跨中挠度和最大跨中挠度，m；g 为重力加速度，9.8 m/s^2；m_1 为试件支点间的梁重，kg；m_2 为与试验机不连在一起的加载附件质量，m_2=3.25 kg；B、H 分别为梁式试件的宽度和高度，m；a 为预制裂缝的长度，m。

对于图 6.8 中面积 W_0 的计算，可以用求积仪量测，也可以用专业的图形处理软件计算，本书按照积分的思想，利用 Excel，以记录数据将曲线微分段，如图 6.8 所示，从图中可以看出，梯形 $ABDC$ 的面积≈长方形 $ABFE$ 的面积。计算各微分段的面积 $\mathrm{d}A = \frac{P_1 + P_2}{2} \times \mathrm{d}\delta$，然后累加便得到曲线下的总面积。

根据式(6.7)和式(6.8)所计算的水泥稳定碎石断裂能试验结果见表 6.1。

6.4.2　断裂能的影响因素分析

6.4.2.1　试件养护龄期对断裂能的影响

图 6.9 给出了普通水泥稳定碎石与聚丙烯纤维水泥稳定碎石断裂能随试件养护龄期增长的变化规律。由图 6.9 可以看出，养护龄期对断裂能的影响较大，特别是对掺聚丙烯纤维水泥稳定碎石断裂能的影响更大，随着养护龄期的增长，聚丙烯纤维水泥稳定碎石和普通水泥稳定碎石三点弯曲试件的断裂能是逐渐增大的。普通水泥稳定碎石断裂能随龄期增长的速率较缓慢，特别是当龄期超过 60 d 后，断裂能增长很小，其 90 d 龄期的断裂能由 14 d 龄期时的 110.35 N/m 提高到了 179.52 N/m，提高了 62.7%。而掺有聚丙烯纤维的水泥稳定碎石在基体具有一定强度后，聚丙烯纤维逐渐开始发挥其加筋作用和桥联作用，抑制裂缝的进一步扩展，因而其断裂能随着龄期的增长以较大的速率持续增大，其 90 d 龄期的断裂能由 14 d 龄期时的 151.29 N/m 提高到了 289.22 N/m，提高了 91.2%。

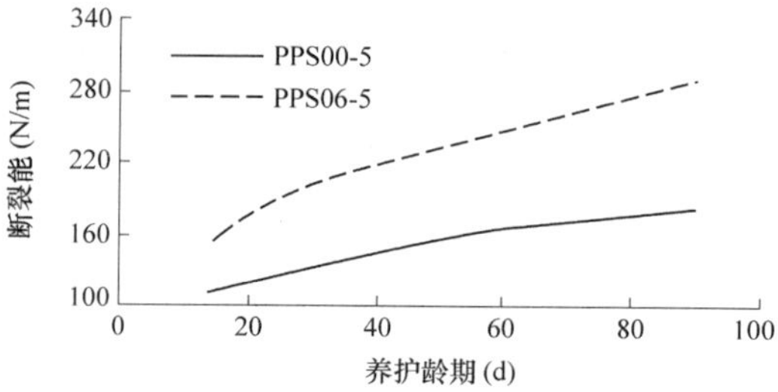

图 6.9　试件养护龄期对断裂能的影响

图 6.10 和图 6.11 分别为普通水泥稳定碎石和聚丙烯纤维水泥稳定碎石三点弯曲试件不同养护龄期的荷载—挠度曲线。从图 6.10 和图 6.11 可知，试件养护龄期从 14 d 增长到 90 d，未掺纤维的普通水泥稳定碎石试件与聚丙烯纤维水泥稳定碎石试件的极限荷载都是逐渐增大的，荷载达到极限荷载时的跨中挠度变化不大，但是最大跨中挠度却是逐渐增大的，而且荷载—挠度曲线逐渐趋于饱满。与普通水泥稳定碎石相比，0.6‰体积掺量的聚丙烯纤维使试件的最大跨中挠度有很明显的增加。由荷载—挠度曲线随养护龄期的变化规律也可以看出，随着试件养护龄期的增长，(聚丙烯纤维)水泥稳定碎石抵抗裂缝扩展的能力是逐渐增强的。

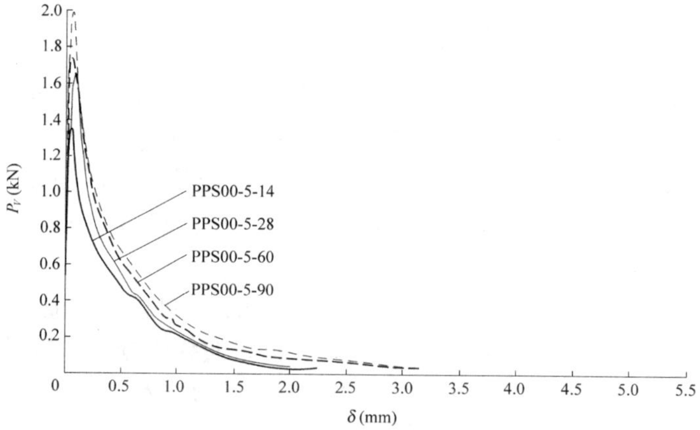

图 6.10　不同养护龄期试件的 $P_V \sim \delta$ 曲线比较(PPS00-5)

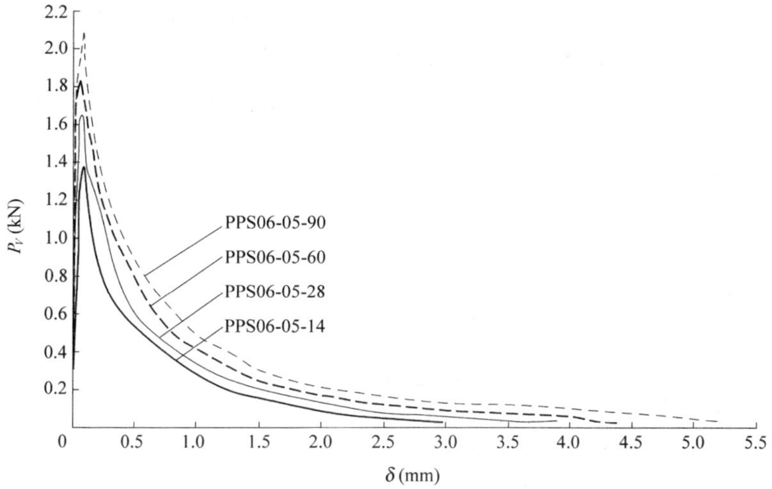

图 6.11　不同养护龄期试件的 P_V~ δ 曲线比较(PPS06-5)

6.4.2.2　聚丙烯纤维掺量对断裂能的影响

图 6.12 给出了不同纤维掺量聚丙烯纤维水泥稳定碎石与普通水泥稳定碎石断裂能的对比关系。从图中可以看出，聚丙烯纤维的掺入可以显著地提高水泥稳定碎石的断裂能，且随着纤维体积掺量的增加，断裂能是逐渐增加的，尤其是当纤维体积掺量大于 0.6‰时，断裂能的提高效果更为明显。当聚丙烯纤维体积掺量为 1‰时，水泥稳定碎石的断裂能由未掺纤维时的 165.71 N/m 增加到了 370.96 N/m，提高了 124%。

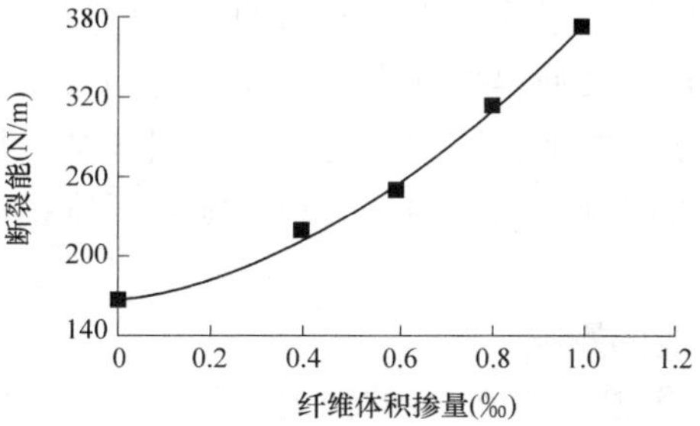

图 6.12　纤维体积掺量对断裂能的影响

根据试验结果的回归分析，得出了聚丙烯纤维水泥稳定碎石断裂能与聚丙烯纤维体积掺量的回归关系式如下(相关系数为 0.994 4)

$$G_F(V_f) = 151.11V_f^{\ 2} + 55.71V_f + 166.08 \qquad (6.9)$$

式中：G_F 为聚丙烯纤维水泥稳定碎石断裂能，N/m；V_f 为聚丙烯纤维体积掺量(‰)。

图 6.13 为不同聚丙烯纤维掺量的水泥稳定碎石三点弯曲试件荷载—挠度曲线比较。从图中可以看出，掺加聚丙烯纤维后，水泥稳定碎石的极限荷载有所提高，但纤维体积掺量从 0.4‰增大到 1‰，其极限荷载变化无明显的规律性。纤维掺量的变化对最大跨中挠度有很大影响，随纤维体积掺量的逐渐增大最大跨中挠度逐渐增大，当聚丙烯纤维体

积掺量为 1‰时，最大跨中挠度比未掺纤维时增大了将近一倍。随着纤维掺量的增加，荷载—挠度($P_V \sim \delta$)曲线也逐渐更加饱满，非线性阶段发展更长，下降段更为平缓，但对荷载达到极限荷载时的跨中挠度影响不大。由此可见，聚丙烯纤维较好地改善了水泥稳定碎石的断裂韧性。

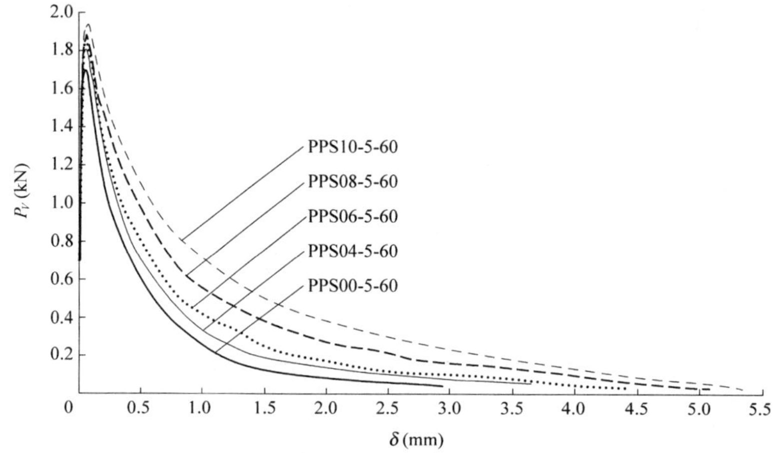

图 6.13　不同聚丙烯纤维掺量试件的 $P_V \sim \delta$ 曲线比较

聚丙烯纤维较大的长径比使得纤维与水泥稳定碎石有足够的黏结长度，在水泥稳定碎石初裂后充分发挥了其作用。在没有裂缝的地方，这些纤维可以视为水泥稳定碎石的配筋，与水泥稳定碎石一起承受力的作用，有助于限制裂缝的起裂；在有裂缝的地方，聚丙烯纤维起到受力筋的作用，承受由界面传递的力的作用。当应力自基体传递给聚丙烯纤维时，聚丙烯纤维的存在又使得裂缝尖端的发展受到限制，裂缝只能绕过纤维或把纤维拉断来继续发展，这就需要消耗巨大的能量来克服纤维对裂缝发展的限制作用[259]。纤维的体积掺量越大，这种限制作用越强，表现在随着纤维掺量的增加，水泥稳定碎石的断裂能也在增加。

6.4.2.3　水泥掺量对断裂能的影响

图 6.14 给出了纤维体积掺量为 0.6‰的聚丙烯纤维水泥稳定碎石随着水泥掺量的增加，其三点弯曲试件断裂能的变化规律。从图 6.14 中可以看出，水泥的剂量对聚丙烯纤维水泥稳定碎石断裂能影响很大，水泥掺量从 4%增加到 7%，聚丙烯纤维水泥稳定碎石的断裂能是逐渐减小的。

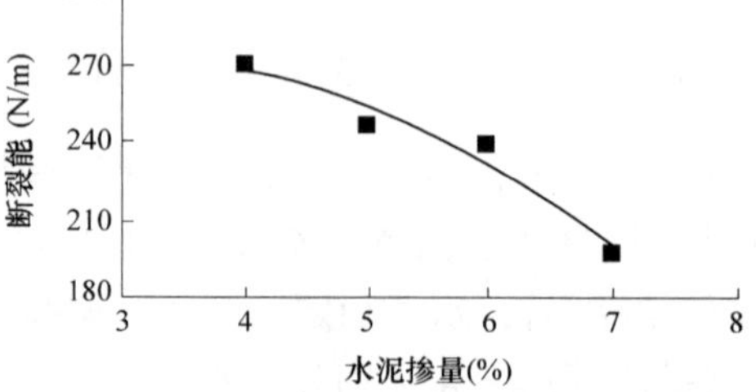

图 6.14　水泥掺量对断裂能的影响

根据试验结果的回归分析，得出了聚丙烯纤维水泥稳定碎石断裂能与水泥掺量的回归关系式如下(相关系数为 0.947 5)

$$G_F(M_c) = 231.03 - 4.43M_c^{\ 2} + 26.554M_c \tag{6.10}$$

式中：G_F 为聚丙烯纤维水泥稳定碎石断裂能，N/m；M_c 为水泥掺量(%)。

图 6.15 反映了聚丙烯纤维水泥稳定碎石三点弯曲试件 $P_V\sim\delta$ 曲线随水泥掺量增加的变化规律。从图中可以看出，随着水泥掺量的不断增加，试件的极限荷载有很大提高，特别是水泥掺量由 6%增加到 7%，极限荷载的增加量比较大，由 2.14 kN 增加到 2.98 kN，增加了 39%。随着水泥掺量的增加，荷载达到极限荷载时的跨中挠度没什么变化，但是最大跨中挠度却是逐渐减小的，水泥掺量从 4%增加到 7%，最大跨中挠度由 6.201 mm 减小到了 2.804 mm。上述 $P_V\sim\delta$ 曲线的变化规律表明，虽然低水泥掺量试件的承载力比高水泥掺量试件的要低，但是低水泥掺量的试件在完全破坏之前能承受更大的变形，在一段时间内仍能继续保持其承载力，这种性能随着水泥掺量的增加逐渐降低。因此，较高的水泥掺量将不利于抑制水泥稳定碎石基层内部微细裂缝的进一步扩展，相反会进一步加速微裂缝的扩展。

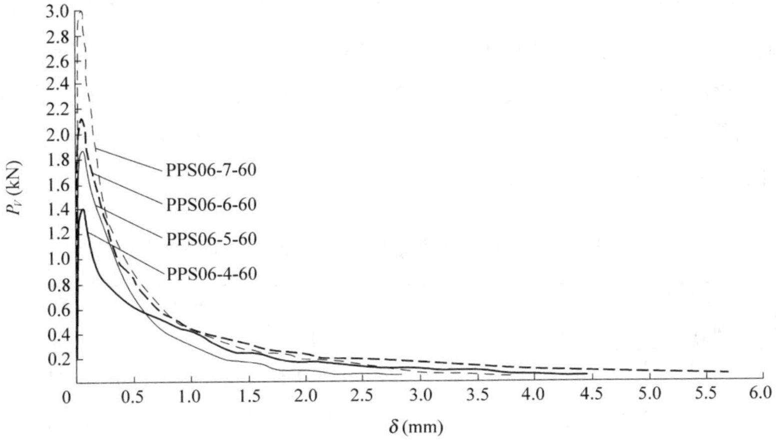

图 6.15　不同水泥掺量试件的 $P_V\sim\delta$ 曲线比较

由式(6.7)、式(6.8)可得出聚丙烯纤维水泥稳定碎石断裂能的函数关系式为

$$G_F = f(A_{lig}, W_0, \delta_{\max}, m_1, m_2, B, H, a) \tag{6.11}$$

从式(6.11)可以看出，聚丙烯纤维水泥稳定碎石断裂能与试件断裂韧带面积、荷载—挠度曲线下面积、试件最大跨中挠度、试件支点间的梁重、加载附件质量、梁式试件的宽度和高度以及预制裂缝长度有关，而试件断裂韧带面积、试件支点间的梁重、加载附件质量、梁式试件的宽度和高度以及预制裂缝长度均为固定不变的值，因而试件的荷载—挠度曲线下面积和试件最大跨中挠度是决定断裂能的主要因素，且断裂能随着荷载—挠度曲线下面积和试件最大跨中挠度的增加而增加。随着水泥掺量的增加，从图 6.15 虽然不能直观地看出荷载—挠度曲线下面积是逐渐减小的，但是可以看出，试件最大跨中挠度是显著减小的，

故随着水泥掺量的增加，断裂能是逐渐减小的。这与断裂韧度随水泥掺量变化的规律相反，但断裂韧度主要受聚丙烯纤维水泥稳定碎石强度的控制，而根据实际工程可知，水泥稳定碎石基层随着水泥掺量的增加，尤其是当水泥掺量大于 5%后，伴随着强度的增加，裂缝率却大幅度地增加，因而在实际应用中应考虑采用断裂能作为水泥稳定碎石断裂韧性的主要评价指标。

6.5 聚丙烯纤维对裂缝嘴和裂缝尖端张开位移的影响

6.5.1 裂缝张开位移试验结果

裂缝张开位移虽然不是裂缝尖端应力场的严格描述，但由于它具有较好的直观性，仍被作为弹塑性断裂力学的重要断裂判据之一。水泥稳定碎石中加入聚丙烯纤维后，裂缝在扩展过程中遇到聚丙烯纤维时，纤维在被拉断的过程中可以传递应力，从而使裂缝尖端受到一个反向闭合应力，抑制裂缝的扩展。因而，聚丙烯纤维水泥稳定碎石实际的裂缝尖端张开位移是由两部分组成的，一部分是由外荷载引起的，使裂缝张开位移增加，另一部分是由聚丙烯纤维提供的闭合应力引起的，使裂缝张开位移减小。对试验中所得到的竖向荷载与对应的裂缝张开位移进行处理得到了聚丙烯纤维水泥稳定碎石的 $P_V \sim CMOD$、$P_V \sim CTOD$ 曲线，由曲线可得到聚丙烯纤维水泥稳定碎石的临界裂缝嘴张开位移($CMOD_C$)、临界裂缝尖端张开位移($CTOD_C$)以及极限裂缝嘴张开位移($CMOD_{max}$)、极限裂缝尖端张开位移($CTOD_{max}$)，结果如表 6.2 所示。

表 6.2 聚丙烯纤维水泥稳定碎石裂缝张开位移试验结果

试件编号	水泥掺量 (%)	纤维掺量 (‰)	龄期 (d)	$CMOD_C$ (mm)	$CMOD_{max}$ (mm)	$CTOD_C$ (mm)	$CTOD_{max}$ (mm)
PPS00-5-60	5	0	60	0.030 3	1.584 7	0.030 4	1.462 8
PPS04-5-60	5	0.4	60	0.036 6	1.739 7	0.039 7	1.699 9
PPS06-5-60	5	0.6	60	0.041 0	1.795 0	0.055 2	1.982 1
PPS08-5-60	5	0.8	60	0.042 2	1.953 3	0.043 1	2.199 4
PPS10-5-60	5	1	60	0.044 2	2.159 3	0.051 2	2.356 1

6.5.2 聚丙烯纤维对裂缝嘴张开位移的影响

图 6.16 和图 6.17 分别为聚丙烯纤维水泥稳定碎石临界裂缝嘴张开位移($CMOD_C$)和极限裂缝嘴张开位移($CMOD_{max}$)随聚丙烯纤维体积掺量变化的规律，水泥掺量为 5%。从图 6.16 和图 6.17 可以看出，聚丙烯纤维的掺入使水泥稳定碎石临界裂缝嘴张开位移略有增大，由未掺纤维时的 0.030 3 mm 增大到纤维掺量为 1‰时的 0.044 2 mm。但聚丙烯纤维可以显著增大极限裂缝嘴张开位移，纤维掺量由 0 增加到 1‰，极限裂缝嘴张开位移由 1.584 7 mm 增大到 2.159 3 mm，增大了 36%。在纤维的体积掺量小于 1‰的范围内，

随着纤维掺量的增加，临界裂缝嘴张开位移的增大幅度不大，而极限裂缝嘴张开位移增加比较明显，特别是当纤维体积掺量大于 0.6‰时增加更为明显。上述规律再次说明聚丙烯纤维对水泥稳定碎石的阻裂作用主要发生在水泥稳定碎石开裂后，即改善水泥稳定碎石的裂后行为。

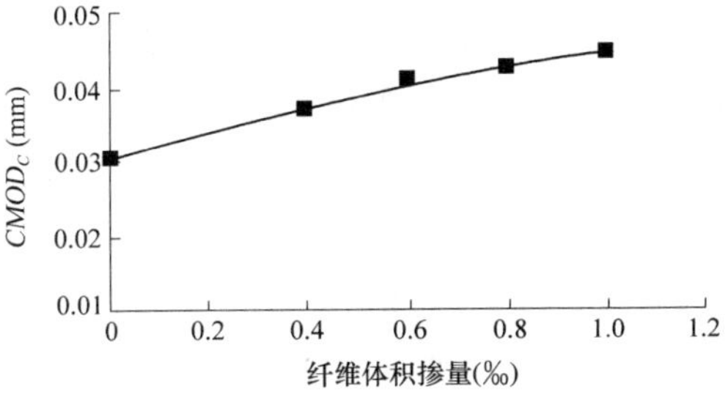

图 6.16　纤维体积掺量对 $CMOD_C$的影响

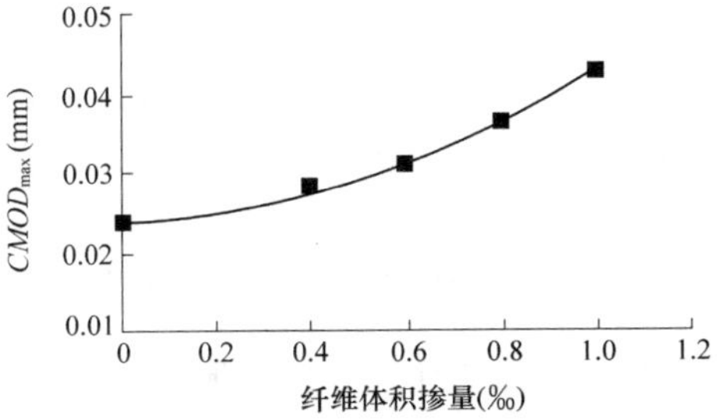

图 6.17　纤维体积掺量对 $CMOD_{max}$的影响

根据试验结果的回归分析，得出了聚丙烯纤维水泥稳定碎石临界裂缝嘴张开位移($CMOD_C$)与聚丙烯纤维体积掺量的关系式如下(相关系数为 0.989)

$$CMOD_C(V_f) = 0.030\,2 - 0.006\,3V_f^{\,2} + 0.020\,4V_f \tag{6.12}$$

聚丙烯纤维水泥稳定碎石极限裂缝嘴张开位移($CMOD_{max}$)与聚丙烯纤维体积掺量的关系式如下(相关系数为 0.989 9)

$$CMOD_{max}(V_f) = 0.444\,6V_f^{\,2} + 0.111\,4V_f + 1.591\,9 \tag{6.13}$$

式(6.12)、式(6.13)中：$CMOD_C$ 为聚丙烯纤维水泥稳定碎石临界裂缝嘴张开位移，mm；$CMOD_{max}$ 为聚丙烯纤维水泥稳定碎石极限裂缝嘴张开位移，mm；V_f 为聚丙烯纤维体积掺量(‰)。

图 6.18 为不同纤维掺量聚丙烯纤维水泥稳定碎石试件的 $P_V \sim CMOD$ 曲线比较，由图可以看出，在试件发生初裂前，水泥稳定碎石基体通过界面将荷载传递给聚丙烯纤维，聚丙烯纤维与水泥稳定碎石基体共同承担荷载，二者变形协调处于弹性阶段。随着外荷载的继续增大，水泥稳定碎石基体的变形达到初裂应变时，水泥稳定碎石基体出现微观

裂缝，P_V ~ *CMOD* 曲线表现出非线性，跨越裂缝的聚丙烯纤维通过界面传递应力，使试件保持平衡。随着宏观裂缝的出现，水泥稳定碎石基体裂缝继续扩展，聚丙烯纤维水泥稳定碎石处于弹塑性阶段，此时纤维在逐渐被拔出或拔断过程中，横跨在裂缝上，起着连接水泥稳定碎石的作用，使聚丙烯纤维表现出较好的延性。随着纤维体积掺量的增加，横跨裂缝的纤维数量相应增加，传递应力的能力相对提高，从图中可知，非线性发展阶段较长，或者说断裂过程区微裂缝发展比较充分，图中表现为 P_V ~ *CMOD* 曲线变得更为丰满，从而断裂性能的提高表现得更为充分。

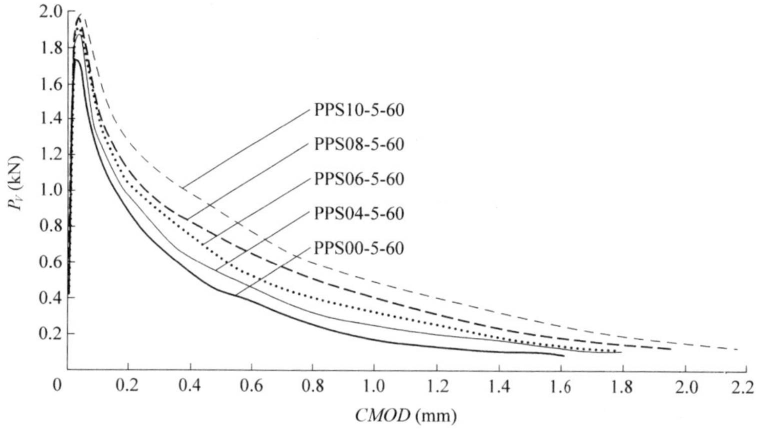

图 6.18 不同聚丙烯纤维掺量的 P_V ~ *CMOD* 曲线比较

6.5.3 聚丙烯纤维对裂缝尖端张开位移的影响

图 6.19 和图 6.20 分别为聚丙烯纤维水泥稳定碎石临界裂缝尖端张开位移($CTOD_C$)和极限裂缝尖端张开位移($CTOD_{max}$)随聚丙烯纤维体积掺量变化的规律。聚丙烯纤维使水泥稳定碎石 $CTOD_C$ 有较大的提高，当纤维体积掺量为 0.6‰时，$CTOD_C$ 最大，较之普通水泥稳定碎石提高了 81.6%；对 $CTOD_{max}$ 亦有明显的增大作用，纤维体积掺量由 0 增加到 1‰，$CTOD_{max}$ 由 1.462 8 mm 增大到 2.356 1 mm，增大了 61%。随着纤维掺量的增加，*CTOD* 的变化同 *CMOD* 的变化极为相似，即在本试验聚丙烯纤维掺量范围内，随着纤维掺量的增加，$CTOD_C$ 和 $CTOD_{max}$ 均逐渐增加。聚丙烯纤维对 *CTOD* 的增大效果也表明了聚丙烯纤维可以有效地提高水泥稳定碎石的断裂韧性。

根据试验结果的回归分析，得出了聚丙烯纤维水泥稳定碎石临界裂缝尖端张开位移($CTOD_C$)与聚丙烯纤维体积掺量的关系式如下(相关系数为 0.944)

$$CTOD_C(V_f) = 0.003\ 9V_f^{\ 2} + 0.014\ 9V_f + 0.031 \tag{6.14}$$

聚丙烯纤维水泥稳定碎石极限裂缝尖端张开位移($CTOD_{max}$)与聚丙烯纤维体积掺量的关系式如下(相关系数为 0.985 3)

$$CTOD_{max}(V_f) = 0.255\ 7V_f^{\ 2} + 0.682V_f + 1.447\ 7 \tag{6.15}$$

式(6.14)、式(6.15)中：$CTOD_C$ 为聚丙烯纤维水泥稳定碎石临界裂缝尖端张开位移，mm；

$CTOD_{max}$ 为聚丙烯纤维水泥稳定碎石极限裂缝尖端张开位移，mm；V_f 为聚丙烯纤维体积掺量(‰)。

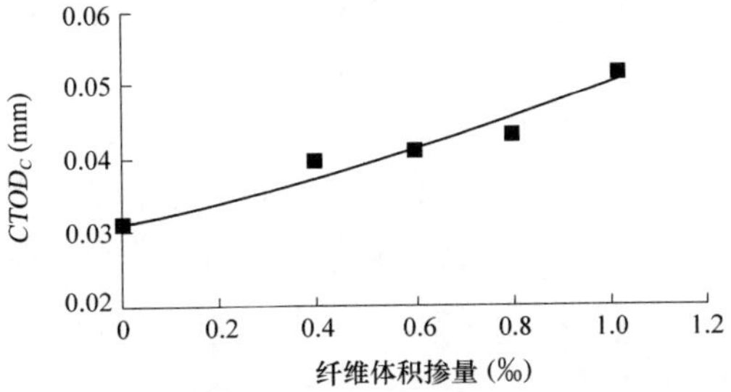

图 6.19　纤维体积掺量对 $CTOD_C$ 的影响

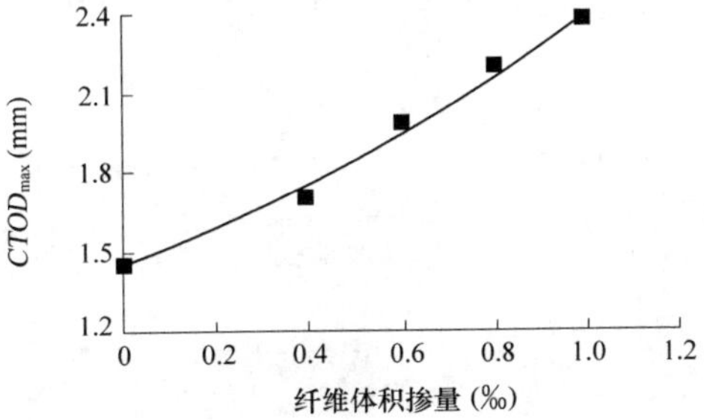

图 6.20　纤维体积掺量对 $CTOD_{max}$ 的影响

试验中观测到，未掺聚丙烯纤维的水泥稳定碎石荷载达到初裂荷载后荷载减小很快，并很快产生破坏，而掺有聚丙烯纤维的水泥稳定碎石在发生初裂后，虽承载力有所下降，但在一段时间内仍继续保持其承载能力。如图 6.21 所示，反映在 $P_V \sim CTOD$ 曲线上，表现为聚丙烯纤维水泥稳定碎石的峰后曲线随着纤维掺量的增加，曲线下降段更为平缓，更趋于饱满。

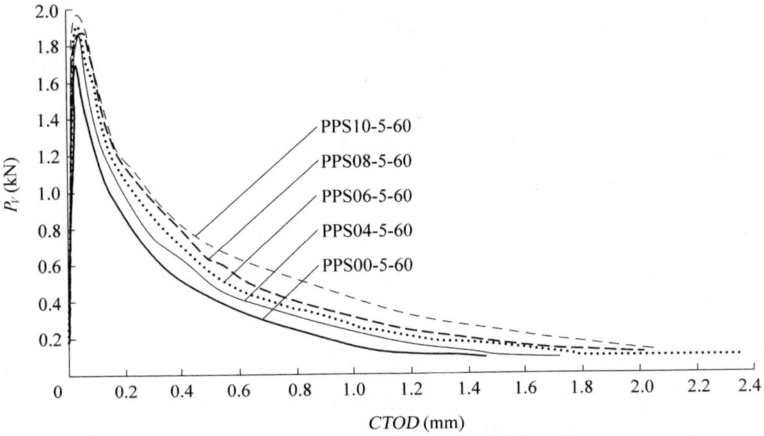

图 6.21　不同聚丙烯纤维掺量的 $P_V \sim CTOD$ 曲线比较

图 6.22 为聚丙烯纤维水泥稳定碎石与普通水泥稳定碎石断裂破坏形态对比，从图中

可以看出，普通水泥稳定碎石破坏裂缝几乎成直线形发展，由于聚丙烯纤维的存在，聚丙烯纤维水泥稳定碎石裂缝发展的途径不同于普通水泥稳定碎石的直线上升，而是不断改变方向，裂缝发展比较曲折，这表明试件断裂过程区发展相对比较充分。聚丙烯纤维的加入改善了水泥稳定碎石中裂缝尖端的应力集中，当裂缝发展与纤维相交时，纤维可抵消部分或全部的应力。由于聚丙烯纤维密度低，掺入水泥稳定碎石后，数量大(1 cm^3 水泥稳定碎石中有近 20 条纤维)，呈三维无规则状分布，故微裂缝在发展的过程中必然遭遇纤维的阻挡，消耗了能量，难以进一步发展，从而阻断裂缝起到了抗裂作用。

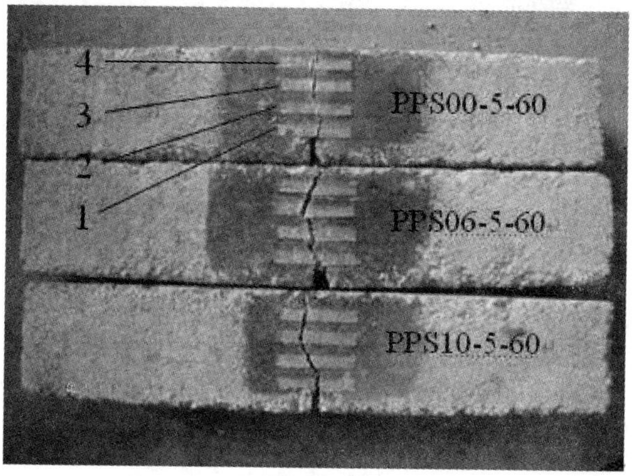

图 6.22　试件断裂破坏形态对比

6.6　失稳断裂前切口前缘应变场分布

水泥稳定碎石试件预切缝前缘如同混凝土一样存在着一个断裂过程区，也就是微裂缝稳定发展的过程区，为了对水泥稳定碎石进行非线性断裂分析，就要了解水泥稳定碎石裂缝前缘微裂缝区的形状，以便建立合适的断裂模型。本书试验利用电阻应变片法对聚丙烯纤维水泥稳定碎石三点弯曲试件裂缝前缘应变场的变化规律进行了研究。聚丙烯纤维水泥稳定碎石电阻应变片的测点布置如图 6.22 所示。应变片布置在试件的一个侧面(试件浇筑的底面)，每个试件分别布置 4 个应变片，从下到上依次表示为 1 ~ 4，1 号应变片布置在预制裂缝的尖端。应变片的测量标距为 4 cm，每两个应变片的间距为 2 cm，试验中由计算机应变采集系统自动读取存储应变片的应变值。

图 6.23 ~ 图 6.25 分别为配合比 PPS00、PPS06、PPS10 试件典型裂缝前缘应变场分布试验结果。图中，横坐标表示各测点水平方向的应变值，单位为 με；纵坐标自下而上分别为对应于编号 1 ~ 4 应变片距预制裂缝尖端的距离，单位为 mm。对比图 6.23 ~ 图 6.25 可以看出，随着聚丙烯纤维的掺入，水泥稳定碎石裂缝前缘应变值有明显的增加，聚丙烯纤维水泥稳定碎石裂缝前缘应变值可以达到普通水泥稳定碎石试件的 2~4 倍。对比图 6.24 (f)和图 6.25 (f)可以看出，随着纤维体积掺量由 0.6‰增加到 1‰，裂缝尖端极限应变值变化明显增大，后者约为前者的 1.5 倍，表明聚丙烯纤维体积掺量的增加可以极大地改善水泥稳定碎石的断裂特性。

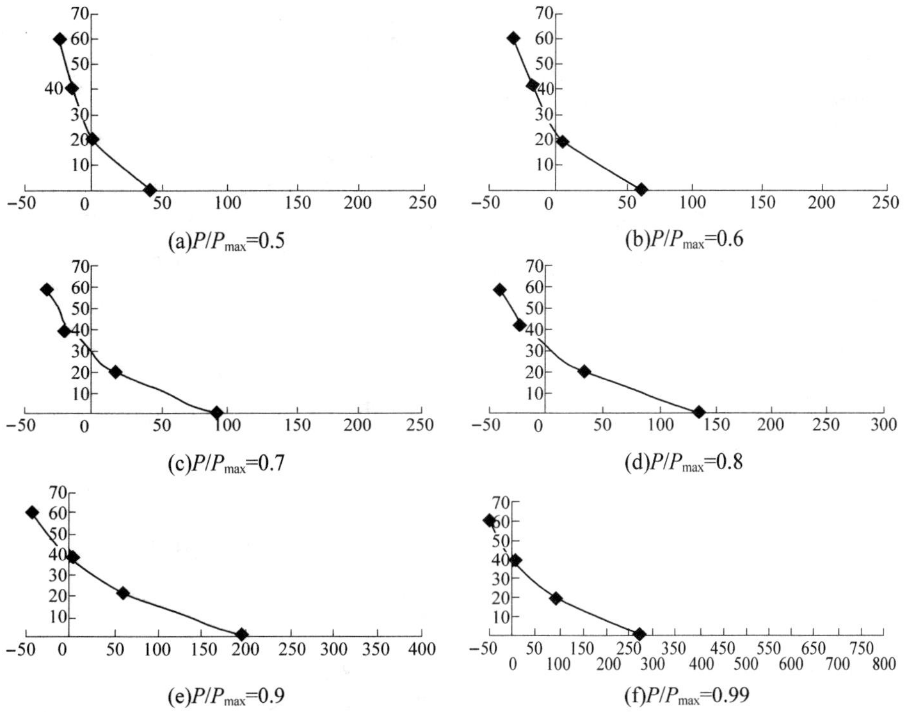

图 6.23　试件切口前缘应变场分布试验结果(PPS00)

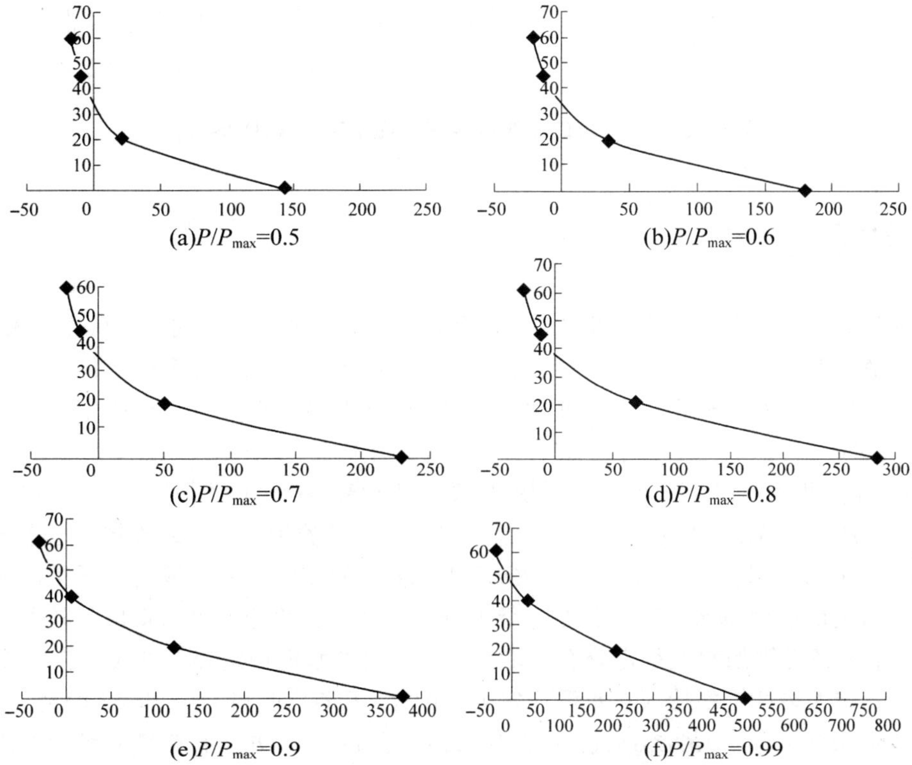

图 6.24　试件切口前缘应变场分布试验结果(PPS06)

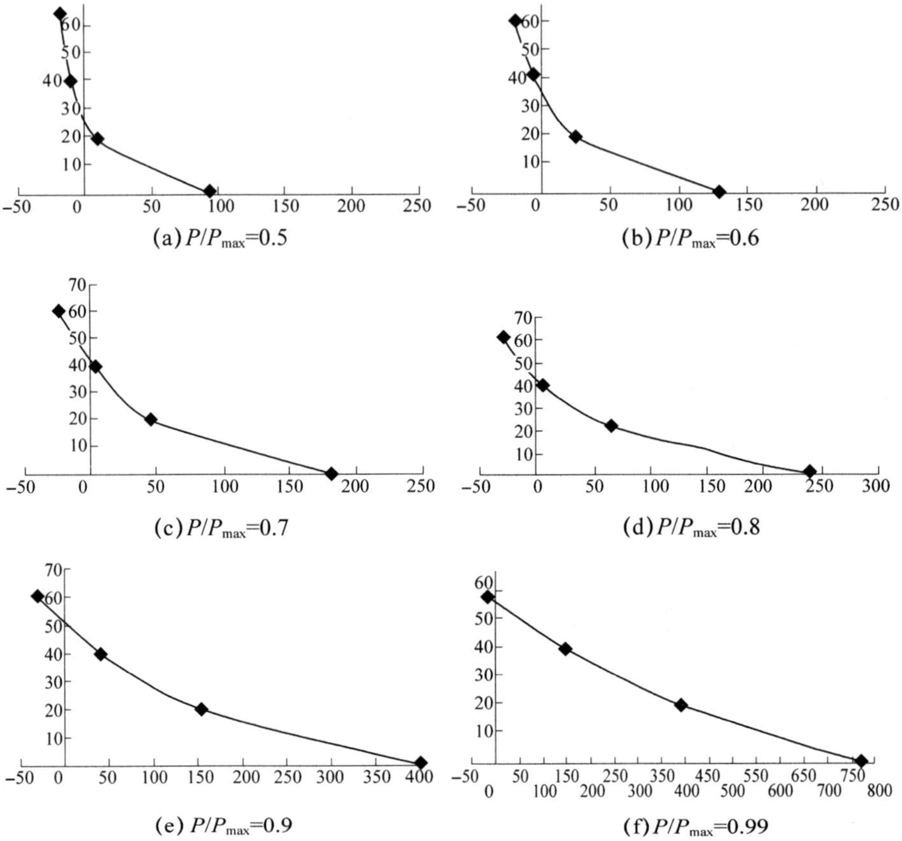

(a) P/P_{max}=0.5　(b) P/P_{max}=0.6

(c) P/P_{max}=0.7　(d) P/P_{max}=0.8

(e) P/P_{max}=0.9　(f) P/P_{max}=0.99

图 6.25　试件切口前缘应变场分布试验结果(PPS10)

6.7　结束语

水泥稳定碎石与普通混凝土相比，强度要低得多，因而其断裂试验存在着很大难度，对试验仪器以及试验过程中的操作均有很高的要求。本章采用三点弯曲试件对水泥稳定碎石和聚丙烯纤维水泥稳定碎石的断裂性能进行了大量的试验研究，试验中测得了三点弯曲试件的最大荷载、跨中挠度(δ)、裂缝嘴张开位移(*CMOD*)和裂缝尖端张开位移(*CTOD*)，并由此计算出了材料的断裂韧度(K_{IC})和断裂能(G_F)，同时在试验中得到了试件 $P_V\sim\delta$、$P_V\sim CMOD$ 和 $P_V\sim CTOD$ 曲线。分析了试件养护龄期、纤维掺量、水泥掺量对 K_{IC} 和 G_F 的影响以及纤维掺量对 *CMOD* 和 *CTOD* 的影响，并对聚丙烯纤维水泥稳定碎石失稳断裂前切口前缘应变场分布进行了分析。通过试验分析可以得出，随着试验龄期的增长，未掺纤维的水泥稳定碎石与掺聚丙烯纤维的水泥稳定碎石的 K_{IC} 和 G_F 都是逐渐增加的；聚丙烯纤维的掺入对水泥稳定碎石的 K_{IC} 和 G_F 均有提高，对水泥稳定碎石的临界裂缝嘴张开位移($CMOD_C$)和临界裂缝尖端张开位移($CTOD_C$)有略微的增大作用，但对极限裂缝嘴张开位移($CMOD_{max}$)和极限裂缝尖端张开位移($CTOD_{max}$)有明显增大作用；

在本书纤维掺量范围内，随着聚丙烯纤维体积掺量的增加，水泥稳定碎石的断裂韧度增加的规律不明显，但断裂能以及 $CMOD_{max}$ 和 $CTOD_{max}$ 是不断增加的，并且 $P_V \sim \delta$、$P_V \sim CMOD$ 和 $P_V \sim CTOD$ 曲线逐渐趋于饱满；聚丙烯纤维的加入可以改善水泥稳定碎石的裂缝尖端位移场分布。总而言之，聚丙烯纤维对于水泥稳定碎石的延性有很大提高，对水泥稳定碎石的裂后行为有很大改善，能有效地增强水泥稳定碎石的断裂韧性。

第 7 章　抗裂性评价的灰色关联分析及聚丙烯纤维抗裂机理

7.1 引　言

由于半刚性基层具有强度高、整体性和水稳定性好等特点，越来越广泛地应用于我国高等级公路工程中。然而，随着这种基层的大量应用，其本身存在的裂缝问题日益突出，已影响到公路的使用性能。如何采取有效的办法提高半刚性基层材料的抗裂性能一直是国内外众多相关研究者研究的重点，其中，首先必须确定一个对半刚性基层抗裂性评价的合理方法。从国内外已有的研究成果看，评价半刚性基层材料抗裂性的指标比较多，常用的有干缩系数和温缩系数、干缩抗裂系数(也叫耐湿性系数)和温缩抗裂系数(也叫耐温性系数)、干缩开裂指标和温缩开裂指标、干缩抗裂性指数(也叫抗干缩耐用性指数)和温缩抗裂性指数(也叫抗温缩耐用性指数)、干缩能抗裂系数和温缩能抗裂系数等[108, 269~272]。在这些指标中，究竟采用哪组指标更合理始终没有一个定论。

半刚性基层材料干缩和温缩性能的大小与其抗裂性能是有区别的，前者单纯表征一种物理宏观性质，而后者体现了物理–力学性质的一项综合性质，因此半刚性基层材料的抗裂性能的优劣不能单纯地由干缩性能指标反映出。合理的评价指标应该能较好地反映半刚性材料的受拉变形能力，同时还应当能反映出材料的收缩性能，与引起材料开裂的最大干缩、温缩应变有很好的相关性。因此，本章采用灰色关联分析方法对上述有关干缩的抗裂指标与材料最大干缩应变的关联性以及有关温缩的抗裂指标与材料最大温缩应变的关联性进行了分析，从而确定出了合理评价半刚性基层材料抗裂性能的有效指标。聚丙烯纤维掺入水泥稳定碎石后，由前几章的试验分析可知，可以明显地改善材料的物理力学性能，并能有效地减小水泥稳定碎石的干燥收缩和温度收缩，本章将采用所得出的半刚性基层材料抗裂性最佳评价指标对聚丙烯纤维水泥稳定碎石的抗裂性进行评价分析，同时对聚丙烯纤维的抗裂机理进行探讨。

7.2 现有的抗裂性评价指标

7.2.1 干缩系数和温缩系数

半刚性基层干燥收缩是由于其内部含水量的变化而引起整体宏观体积收缩的现象，因而含水量是影响半刚性材料干燥收缩最重要的因素，它影响着材料的干缩程度和规律。干缩系数是分析半刚性基层材料干缩规律常用的指标，它是指单位含水量变化下材料的线胀缩系数。在一定温度下，以两相邻测点测得的材料干缩应变之差与对应的半刚性材

料含水量之差的比值来表示两个含水量之间的平均干缩系数，如式(7.1)所示

$$\alpha_d = \frac{\varepsilon_{i+1} - \varepsilon_i}{\omega_{i+1} - \omega_i} \tag{7.1}$$

式中：α_d 为半刚性材料的干缩系数，$10^{-6}/\%$；ω_i、ω_{i+1} 分别为相邻两测点测定的试件含水量(%)；ε_i、ε_{i+1} 分别为相邻两测点试件的干缩应变，10^{-6}。

干缩系数表明了材料对水分的敏感程度，它实质上就是材料对水的敏感系数，干缩系数越小，表明材料对水分的敏感性越小，其抗裂性能越好；反之，干缩系数越大，则其抗裂性能越差。

组成半刚性基层材料的三相，即不同矿物颗粒组成的固相、液相和气相在环境温度降低过程中相互作用的结果使半刚性材料发生体积收缩，即温度收缩。对温缩程度的大小常用温缩系数来衡量，即单位温度的改变所引起材料的应变值。半刚性材料由较高温度下降到较低温度，则该温度区间内的平均温缩系数如式(7.2)所示

$$\alpha_t = \frac{\varepsilon_{i+1} - \varepsilon_i}{t_{i+1} - t_i} + \beta \tag{7.2}$$

式中：α_t 为半刚性材料的温缩系数，$10^{-6}/℃$；t_i、t_{i+1} 分别为相邻两个恒温段的温度值，℃；ε_i、ε_{i+1} 分别为温度 t_i、t_{i+1} 时试件的温缩应变，10^{-6}；β 为温度补偿标准材料的温缩系数，$10^{-6}/℃$。

温缩系数表明了材料的温缩程度，其值的大小体现了半刚性材料对温度的敏感程度，它实质上就是材料对温度的敏感系数。温缩系数越小，表明材料对温度的敏感性越小，其抗裂性能越好；反之，温缩系数越大，则其抗裂性能越差。

7.2.2　干缩抗裂系数和温缩抗裂系数

该评价指标体系认为半刚性基层材料在失水作用或温度作用下的开裂模式可以直观地理解为在失水作用或温度作用下产生的收缩应变超过了材料自身所能承受的最大拉应变[28, 108, 269]。因此，采用材料极限拉应变与材料的干缩系数或温缩系数的比值，即干缩抗裂系数和温缩抗裂系数来表征其抗裂性能，如式(7.3)、式(7.4)所示

$$[W] = \frac{\varepsilon_{\max}}{\alpha_d} \tag{7.3}$$

$$[T] = \frac{\varepsilon_{\max}}{\alpha_t} \tag{7.4}$$

式中：$[W]$为半刚性材料的干缩抗裂系数(%)；$[T]$为半刚性材料的温缩抗裂系数，℃；$\varepsilon_{\max}$ 为材料的极限拉应变，10^{-6}；α_d 为半刚性材料的干缩系数，$10^{-6}/\%$；α_t 为半刚性材料的温缩系数，$10^{-6}/℃$。

材料的干缩抗裂系数或温缩抗裂系数越大，表明其抗干燥收缩或抗温度收缩的性能越好，则其抗裂性能越好；反之，其值越小，则抗裂性能越差。有的文献[273, 274]把干缩抗裂系数称为耐湿性系数，用来表明材料能承受多大的含水量变化而不开裂；把温缩抗裂系数称为耐温性系数，用来表明材料能承受多大的温度变化而不开裂。严格地来讲，材料的极限拉应变应通过材料的轴向拉伸试验获得，但是，由于受到试验条件的限制，

可以近似地用材料的抗弯拉强度与抗弯拉弹性模量计算的极限拉应变来代替。干缩抗裂系数和温缩抗裂系数在评价材料的抗裂性能时，不但考虑了材料的温缩系数或干缩系数、温缩应变或干缩应变，还考虑了材料的力学性能(极限抗拉强度或极限拉应变)，也就是说，既考虑了材料对温度和湿度的敏感性，又考虑了材料对温度变化和湿度变化的抵抗能力的大小[82]。

7.2.3　干缩开裂指标和温缩开裂指标

文献[235]中采用干缩开裂指标和温缩开裂指标的概念来评价各类型半刚性基层混合料的抗收缩开裂性能。这一组评价指标实际上是由干缩抗裂系数和温缩抗裂系数得来的，干缩开裂指标和温缩开裂指标分别是干缩抗裂系数和温缩抗裂系数的倒数，它们的关系如式(7.5)和式(7.6)所示

$$S_d = \frac{1}{[W]} \tag{7.5}$$

$$S_t = \frac{1}{[T]} \tag{7.6}$$

式中：$[W]$为半刚性材料的干缩抗裂系数(%)；$[T]$为半刚性材料的温缩抗裂系数，℃；S_d为半刚性材料的干缩开裂指标($\%^{-1}$)；S_t为半刚性材料的温缩开裂指标，1/℃。

同半刚性材料的干缩抗裂系数和温缩抗裂系数相反，干缩开裂指标和温缩开裂指标的值越小，代表材料在干缩作用下和温缩作用下的抗变形潜力越强，即抗裂性能越好。

7.2.4　干缩抗裂性指数和温缩抗裂性指数

材料的干缩抗裂性指数和温缩抗裂性指数是指材料特定含水量变化范围和温度变化范围与其本身固有的干缩抗裂系数、温缩抗裂系数的比值[270]，如式(7.7)和式(7.8)所示

$$[S_d] = \frac{\Delta\omega}{[W]} \tag{7.7}$$

$$[S_t] = \frac{\Delta t}{[T]} \tag{7.8}$$

式中：$[S_d]$、$[S_t]$分别为半刚性材料的干缩抗裂性指数和温缩抗裂性指数；$[W]$、$[T]$分别为半刚性材料的干缩抗裂系数(%)和温缩抗裂系数(℃)；$\Delta\omega$、Δt分别为半刚性材料的含水量变化范围(%)和温度变化范围(℃)。

材料的干缩抗裂性指数和温缩抗裂性指数越小，表明半刚性基层材料具有越高的抗干缩和抗温缩能力，其抗裂性能越好；反之，其值越大，则材料抗裂性能越差。有的文献中把干缩抗裂性指数称为抗干缩耐用性指数，把温缩抗裂性指数称为抗温缩耐用性指数[273, 275]；还有文献中把干缩抗裂性指数称为抗干缩裂评价指标，把温缩抗裂性指数称为抗温缩裂评价指标[271]。

7.2.5　干缩能抗裂系数和温缩能抗裂系数

该组评价指标认为，简单地把半刚性材料收缩破坏归因于材料所受拉应力或拉应变超

过材料极限抗拉强度或极限抗拉应变都是片面的，半刚性基层的收缩破坏可能是由应力破坏引起的，也有可能是应变破坏引起的，因而半刚性材料收缩破坏是应力和应变综合破坏作用的结果[82, 276]。根据弹性力学有关理论，材料应变能超过材料所能承受应变能时，材料就会破坏，材料的应变能有效地结合了应力和应变，因此可以用干缩能抗裂系数和温缩能抗裂系数从能量的角度刻画半刚性基层材料对含水量和温度的敏感性，并以干缩能、温缩能和极限抗拉能的形式将应力和应变结合起来。干缩能就是半刚性材料由于含水量变化而出现体积变化的奇变能，温缩能就是半刚性材料由于温度变化而出现体积变化的奇变能。为了简化，假定在一定范围内半刚性基层材料抗拉弹性模量不随应力大小变化，那么半刚性基层材料的单位含水量变化干缩能和单位温度变化温缩能分别如式(7.9)、式(7.10)所示[213]

$$W_{\omega_i}=\frac{1}{\omega_{i+1}-\omega_i}\int_{\varepsilon_{d_i}}^{\varepsilon_{d_{i+1}}}\sigma\mathrm{d}\varepsilon=\frac{1}{\omega_{i+1}-\omega_i}\int_{\varepsilon_{d_i}}^{\varepsilon_{d_{i+1}}}E\varepsilon\mathrm{d}\varepsilon=\frac{1}{2(\omega_{i+1}-\omega_i)}E(\varepsilon_{d_{i+1}}^2-\varepsilon_{d_i}^2)\tag{7.9}$$

$$W_{t_i}=\frac{1}{t_{i+1}-t_i}\int_{\varepsilon_{t_i}}^{\varepsilon_{t_{i+1}}}\sigma\mathrm{d}\varepsilon=\frac{1}{t_{i+1}-t_i}\int_{\varepsilon_{t_i}}^{\varepsilon_{t_{i+1}}}E\varepsilon\mathrm{d}\varepsilon=\frac{1}{2(t_{i+1}-t_i)}E(\varepsilon_{t_{i+1}}^2-\varepsilon_{t_i}^2)\tag{7.10}$$

式中：$\varepsilon_{d_{i+1}}$、ε_{d_i}分别为第$i+1$、i次测得的干缩应变，10^{-6}；ω_{i+1}、ω_i分别为第$i+1$、i次测得的含水量(%)；E为抗拉弹性模量，MPa；$\varepsilon_{t_{i+1}}$、ε_{t_i}分别为第$i+1$、i次测得的温缩应变，10^{-6}；t_{i+1}、t_i分别为第$i+1$、i次测得的温度值，℃。

半刚性材料的极限抗拉能也就是半刚性材料在拉应力作用下达到破坏时的应变能，如式(7.11)所示

$$W=\int_0^{\sigma_{\max}}\sigma\mathrm{d}\varepsilon=\int_0^{\sigma_{\max}}\frac{1}{E}\sigma\mathrm{d}\sigma=\frac{1}{2E}\sigma_{\max}^2\tag{7.11}$$

式中：$\sigma_{\max}$为极限抗拉应力，MPa。

半刚性材料的干缩能抗裂系数$[W_d]$和温缩能抗裂系数$[T_t]$分别如式(7.12)和式(7.13)所示

$$[W_d]=\frac{W}{W_{\omega_i}}=\frac{\sigma_{\max}^2(\omega_{i+1}-\omega_i)}{E^2(\varepsilon_{d_{i+1}}^2-\varepsilon_{d_i}^2)}\tag{7.12}$$

$$[T_t]=\frac{W}{W_{t_i}}=\frac{\sigma_{\max}^2(t_{i+1}-t_i)}{E^2(\varepsilon_{t_{i+1}}^2-\varepsilon_{t_i}^2)}\tag{7.13}$$

干缩能抗裂系数或温缩能抗裂系数的大小可以反映半刚性基层材料抗干缩或抗温缩的相对能力大小，其值越大，表明材料抗干缩或抗温缩性能越好，其抗裂性能越好；反之，其值越小，则抗裂性能越差。严格来讲，材料的极限抗拉应力和抗拉弹性模量应通过材料的轴向拉伸试验获得，但目前的试验条件很难达到，故一般近似用材料的弯拉强度和弯拉模量代替。

7.3　灰色关联分析法

7.3.1　灰色关联分析法的原理

灰色关联分析是灰色系统理论的一个重要内容，它通过参考序列与比较序列所构成

的各曲线来确定各序列之间的差异性和相近性，各曲线的几何形状越接近，则它们的变化趋势越接近，其关联度就越大。关联度反映各比较因素对参考因素的接近程度，通过关联度的计算找出各比较因素中对系统参考因素影响最大的因素，即与系统参考因素关联度最大的因素，关联分析不需要大量的样本及数据的典型分布，而且计算简单[277~279]。

7.3.2 灰色关联度的计算步骤

(1)选择一个参考序列 X_0，即

$$X_0=\{x_0(1),x_0(2),\cdots,x_0(n)\}$$

有 m 个比较序列 X_i

$$X_i=\{x_i(1),x_i(2),\cdots,x_i(n)\}\qquad(i=1,2,3,\cdots,m)$$

(2)求各序列的初值像。对于单位不同，或者初值不同的序列，作关联分析时一般要作处理，使之无量纲化，以消除各指标量纲带来的影响。本书采用“初值化”方法对数据进行处理，则各序列的初值像为

$$Y_i=\{y_i(1),y_i(2),\cdots,y_i(n)\}=\{\frac{x_i(1)}{x_i(1)},\frac{x_i(2)}{x_i(1)},\cdots,\frac{x_i(n)}{x_i(1)}\}\qquad(i=0,1,2,\cdots,m)\tag{7.14}$$

(3)求差序列 $\varDelta_i$，即

$$\varDelta_i(k)=\left|y_0(k)-y_i(k)\right|\qquad(i=1,2,3,\cdots,m\text{；}\ k=1,2,3,\cdots,n)\tag{7.15}$$

$$\varDelta_i=\{\varDelta_i(1),\varDelta_i(2),\cdots,\varDelta_i(n)\}\qquad(i=1,2,3,\cdots,m)\tag{7.16}$$

(4)求关联系数 $\xi_i(k)$，即

$$\xi_i(k)=\frac{\min\limits_i\min\limits_k\varDelta_i(k)+\rho\max\limits_i\max\limits_k\varDelta_i(k)}{\varDelta_i(k)+\rho\max\limits_i\max\limits_k\varDelta_i(k)}\qquad(i=1,2,3,\cdots,m\text{；}\ k=1,2,3,\cdots,n)\tag{7.17}$$

式中：$\min\limits_i\min\limits_k\varDelta_i(k)$ 和 $\max\limits_i\max\limits_k\varDelta_i(k)$ 称为两极最小差和两极最大差；ρ 是分辨系数，一般在 0 到 1 之间选取，通常取为 0.5。

(5)计算关联度。为了将每个关联系数中的信息集中起来以便于比较，采用一种求平均值的方法求出曲线 X_i 对参考曲线 X_0 的关联度 γ_i，即

$$\gamma_i=\frac{1}{n}\sum_{k=1}^{n}\xi_i(k)\qquad(i=1,2,3,\cdots,m\text{；}\ k=1,2,3,\cdots,n)\tag{7.18}$$

7.4 半刚性基层材料抗裂性评价指标的灰色关联分析

分别选取半刚性基层材料的最大干缩应变和最大温缩应变作为参考序列建立两个灰色关联分析模型，前者以材料的干缩系数、干缩抗裂系数、干缩抗裂性指数、干缩能抗裂系数作为比较序列，后者则以材料对应的温缩系数、温缩抗裂系数、温缩抗裂性指数、温缩能抗裂系数作为比较序列。表 7.1 和表 7.2 给出了几种半刚性材料的最大干缩、温缩应变和上述几组抗裂性评价指标值。评价指标值是由文献[4]所获试验数据按前文中所述的计算方法求得的。各材料的试验龄期为 90 d。

表 7.1　几种半刚性材料有关干缩的抗裂指标值

半刚性材料类型	最大干缩应变(10^{-6})	干缩系数(10^{-6}/%)	干缩抗裂系数(%)	干缩抗裂性指数	干缩能抗裂系数(%)
水泥稳定碎石 A	120	27.27	4.95	0.87	4.33
水泥稳定碎石 B	111	30.08	4.05	0.92	3.95
水泥粉煤灰碎石 A	141	27.22	5.13	1.13	4.85
水泥粉煤灰碎石 B	132	23.56	4.34	0.86	4.21
二灰碎石 A	197	33.22	5.53	1.08	5.33
二灰碎石 B	185	30.84	5.64	0.85	5.56

表 7.2　几种半刚性材料有关温缩的抗裂指标值

半刚性材料类型	最大温缩应变(10^{-6})	温缩系数(10^{-6}/℃)	温缩抗裂系数(℃)	温缩抗裂性指数	温缩能抗裂系数(℃)
水泥稳定碎石 A	672.6	9.52	14.18	0.88	1.97
水泥稳定碎石 B	680.3	11.21	10.86	0.98	2.04
水泥粉煤灰碎石 A	652.2	10.87	12.84	0.61	2.75
水泥粉煤灰碎石 B	674.1	13.81	10.12	0.69	2.56
二灰碎石 A	880.2	14.67	12.53	0.73	2.61
二灰碎石 B	843.5	15.97	12.35	0.81	2.43

7.4.1　有关干缩的抗裂指标与最大干缩应变的灰色关联分析

对表 7.1 的各序列进行初值化处理后，根据式(7.17)可求得下面关联系数序列(计算时取 $\rho=0.5$，经计算得：$\min\limits_i\min\limits_k \Delta_i(k)=0$，$\max\limits_i\max\limits_k \Delta_i(k)=0.565$)

$$\xi_1=\{1,0.613,0.615,0.545,0.400,0.407\}$$

$$\xi_2=\{1,0.725,0.670,0.559,0.350,0.412\}$$

$$\xi_3=\{1,0.682,0.695,0.712,0.413,0.333\}$$

$$\xi_4=\{1,0.956,0.837,0.688,0.413,0.523\}$$

由以上关联系数代入式(7.18)可求得以下关联度

$\gamma_1=0.596$ (干缩系数与最大干缩应变的关联度)

$\gamma_2=0.619$ (干缩抗裂系数与最大干缩应变的关联度)

$\gamma_3=0.639$ (干缩抗裂性指数与最大干缩应变的关联度)

$\gamma_4=0.736$ (干缩能抗裂系数与最大干缩应变的关联度)。

相应的关联度序列为：$\gamma_4>\gamma_3>\gamma_2>\gamma_1$，这表明了与半刚性基层材料干缩开裂最大干缩应变关联度最好的是材料的干缩能抗裂系数。因而，可采用半刚性基层材料的干缩能抗裂系数来评价其抗干缩开裂的性能。

7.4.2　有关温缩的抗裂指标与最大温缩应变的灰色关联分析

对表 7.2 的各序列进行初值化处理后，根据式(7.17)可求得下面关联系数序列(计算

时取 $\rho=0.5$，经计算得 $\min_i \min_k \Delta_i(k)=0$，$\max_i \max_k \Delta_i(k)=0.479$)

$$\xi_1=\{1,0.589,0.582,0.348,0.508,0.361\}$$
$$\xi_2=\{1,0.494,0.789,0.454,0.360,0.385\}$$
$$\xi_3=\{1,0.699,0.464,0.523,0.333,0.418\}$$
$$\xi_4=\{1,0.905,0.360,0.446,0.937,0.923\}$$

由以上关联系数代入式(7.18)可求得以下关联度

$\gamma_1=0.565$ (温缩系数与最大温缩应变的关联度)

$\gamma_2=0.580$ (温缩抗裂系数与最大温缩应变的关联度)

$\gamma_3=0.573$ (温缩抗裂性指数与最大温缩应变的关联度)

$\gamma_4=0.762$ (温缩能抗裂系数与最大温缩应变的关联度)

相应的关联度序列为：$\gamma_4>\gamma_2>\gamma_3>\gamma_1$，这表明了与半刚性基层材料温缩开裂最大温缩应变关联度最好的是材料的温缩能抗裂系数。因而，可采用半刚性基层材料的温缩能抗裂系数来评价其抗温缩开裂的性能。

7.5　聚丙烯纤维水泥稳定碎石抗裂性分析

由前面的分析可知，干缩能抗裂系数和温缩能抗裂系数从能量的角度刻画了半刚性基层材料对含水量和温度的敏感性，并以干缩能、温缩能和极限抗拉能的形式将应力和应变结合起来，干缩能抗裂系数和温缩能抗裂系数是评价半刚性基层材料抗裂性能的最佳评价指标。因而，本章采用干缩能抗裂系数和温缩能抗裂系数来评价聚丙烯纤维掺入水泥稳定碎石后对其抗裂性能的影响。由抗弯拉试验测得的抗弯拉强度、抗弯拉弹性模量和干缩试验中最大失水量、最大干缩应变，根据式(7.12)计算得到各个配合比的干缩能抗裂系数，如表 7.3 所示。由抗弯拉试验测得的抗弯拉强度、抗弯拉弹性模量和温缩试验中最大温度差、最大温缩应变，根据式(7.13)计算得到各个配合比的温缩能抗裂系数，如表 7.4 所示。

表 7.3　干缩抗裂指标计算结果

试件编号	水泥掺量(%)	纤维掺量(‰)	试验龄期(d)	弯拉强度(MPa)	弯拉模量(MPa)	最大失水量(%)	最大干缩应变(με)	干缩能抗裂系数(%)
PPS00-5-07	5	0	7	1.10	8 930	4.08	235	1.12
PPS00-5-14	5	0	14	1.19	9 150	4.18	220	1.46
PPS00-5-28	5	0	28	1.31	9 350	4.30	212	1.88
PPS04-5-28	5	0.4	28	1.32	8 780	4.35	179	3.07
PPS06-5-07	5	0.6	7	1.05	8 400	4.18	177	2.08
PPS06-5-14	5	0.6	14	1.27	8 570	4.31	160	3.70
PPS06-5-28	5	0.6	28	1.36	8 820	4.42	151	4.61
PPS08-5-28	5	0.8	28	1.40	7 850	4.32	132	7.89
PPS10-5-28	5	1.0	28	1.45	7 190	4.23	121	11.75
PPS06-4-28	4	0.6	28	0.98	5 840	4.24	129	7.17
PPS06-6-28	6	0.6	28	1.62	11 680	4.32	224	1.66
PPS06-7-28	7	0.6	28	2.10	15 580	4.27	320	0.76

表 7.4　温缩抗裂指标计算结果

试件编号	水泥掺量(%)	纤维掺量(‰)	试验龄期(d)	弯拉强度(MPa)	弯拉模量(MPa)	最大温差(℃)	最大温缩应变(με)	温缩能抗裂系数(℃)
PPS00-5-07	5	0	7	1.10	8 930	60	408	5.47
PPS00-5-14	5	0	14	1.19	9 150	60	435	5.36
PPS00-5-28	5	0	28	1.31	9 350	60	480	5.11
PPS04-5-28	5	0.4	28	1.32	8 780	60	465	6.27
PPS06-5-07	5	0.6	7	1.05	8 400	60	332	8.51
PPS06-5-14	5	0.6	14	1.27	8 570	60	403	8.11
PPS06-5-28	5	0.6	28	1.36	8 500	60	433	7.61
PPS08-5-28	5	0.8	28	1.40	7 850	60	404	11.69
PPS10-5-28	5	1.0	28	1.45	7 190	60	378	17.08
PPS06-4-28	4	0.6	28	0.98	5 840	60	397	10.72
PPS06-6-28	6	0.6	28	1.62	11 680	60	470	5.23
PPS06-7-28	7	0.6	28	2.10	15 580	60	485	4.63

7.5.1　试件养护龄期对抗裂性能的影响

图 7.1 和图 7.2 分别为普通水泥稳定碎石与聚丙烯纤维水泥稳定碎石随着试件养护龄期的增长，其干缩能抗裂系数和温缩能抗裂系数的变化规律。从图中可以看出，随着养护龄期的增长，两组配合比水泥稳定碎石干缩抗裂性能均逐渐增强，在龄期小于 14 d 前增长较快，当龄期超过 14 d 后增长较缓慢。但是，随着养护龄期的增长，两组配合比水泥稳定碎石温缩抗裂性能均有略微下降。不管是干缩抗裂性能还是温缩抗裂性能，掺加聚丙烯纤维水泥稳定碎石均比普通水泥稳定碎石的要好。

试件养护龄期对水泥稳定碎石干缩能抗裂系数和温缩能抗裂系数的影响规律进一步验证了干缩和温缩在实际工程中对半刚性基层收缩开裂的影响，即在水泥稳定碎石铺筑的初期阶段，也就是前两周内，由于水泥稳定碎石基层抵抗干缩开裂的能力较低，因而该时期一定要做好防范措施，避免基层含水量的损失。当基层铺筑两周后，基层抗干缩开裂的能力便基本上趋于稳定。而对于基层抗温缩开裂的能力，尽管在基层铺筑以后变化不大，但是整体上还是逐渐降低的，因而在实际工程中，在面层铺筑前要尽量避免或减少温缩的发生。

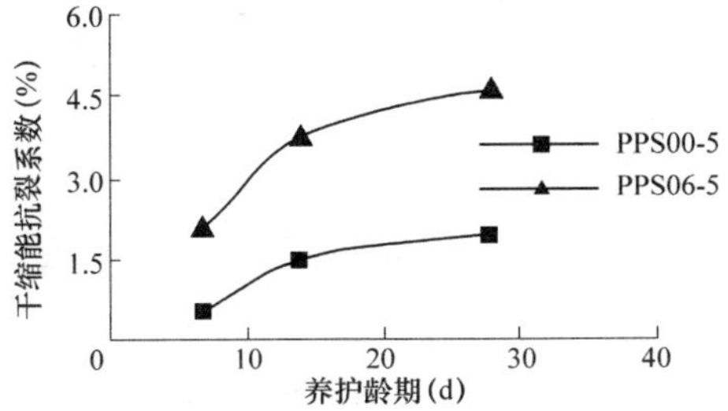

图 7.1　试件养护龄期对干缩能抗裂系数的影响

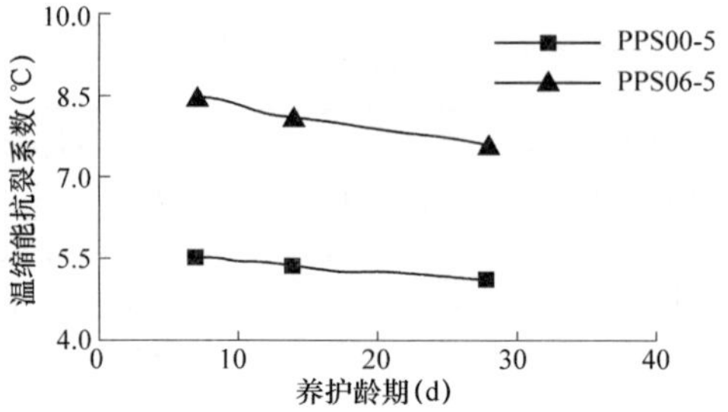

图 7.2　试件养护龄期对温缩能抗裂系数的影响

7.5.2　聚丙烯纤维掺量对抗裂性能的影响

图 7.3 和图 7.4 分别给出了不同纤维掺量聚丙烯纤维水泥稳定碎石与普通水泥稳定碎石干缩能抗裂系数和温缩能抗裂系数的比较结果，水泥掺量为 5%，试件养护龄期为 28 d。从图中可以看出，聚丙烯纤维的掺入对水泥稳定碎石干缩能抗裂系数和温缩能抗裂系数均有很大的提高，聚丙烯纤维的体积掺量从 0.4‰增大到 1‰的过程中，水泥稳定碎石干缩能抗裂系数和温缩能抗裂系数都是逐渐增大的，在聚丙烯纤维掺量小于 0.6‰时，这两种抗裂系数随纤维掺量的增加而增大的幅度较小，当聚丙烯纤维的体积掺量大于 0.6‰后，其抗裂系数随纤维掺量的增加而增大的幅度比较大。当聚丙烯纤维体积掺量达到 1‰时，水泥稳定碎石的干缩能抗裂系数和温缩能抗裂系数分别比未掺纤维时增大了 5 倍多和 2 倍多，由此可见聚丙烯纤维对水泥稳定碎石的抗裂增强效果非常好。

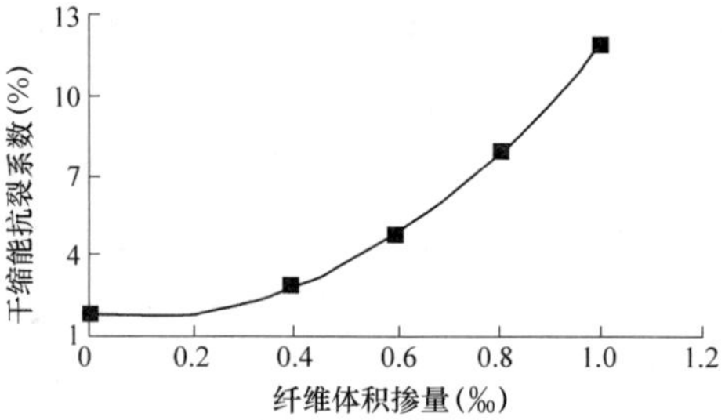

图 7.3　纤维体积掺量对干缩能抗裂系数的影响

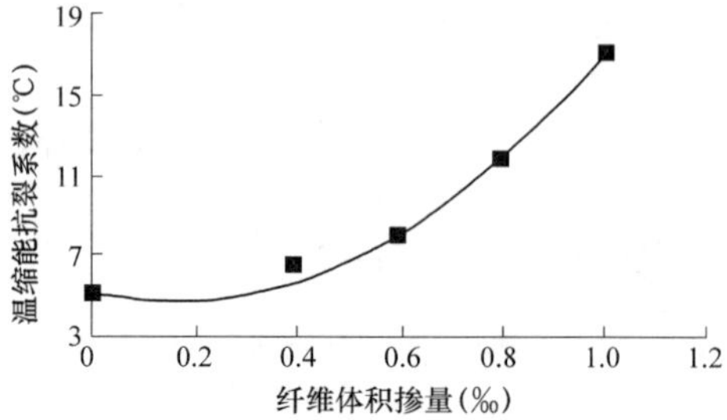

图 7.4　纤维体积掺量对温缩能抗裂系数的影响

根据试验结果的回归分析，得出了聚丙烯纤维水泥稳定碎石干缩能抗裂系数与聚丙烯纤维体积掺量的关系式如下(相关系数为 0.998 6)

$$[W_d](V_f)=12.396V_f^2-2.551\,5V_f+1.907\,9 \tag{7.19}$$

聚丙烯纤维水泥稳定碎石温缩能抗裂系数与聚丙烯纤维体积掺量的关系式如下(相关系数为 0.994 2)

$$[W_t](V_f)=17.392V_f^2+5.689\,9V_f+5.225\,2 \tag{7.20}$$

式(7.19)、式(7.20)中：$[W_d]$为聚丙烯纤维水泥稳定碎石干缩能抗裂系数(%)；$[W_t]$为聚丙烯纤维水泥稳定碎石温缩能抗裂系数，℃；V_f为聚丙烯纤维体积掺量(‰)。

7.5.3　水泥掺量对抗裂性能的影响

图 7.5 和图 7.6 分别给出了聚丙烯纤维掺量为 0.6‰时聚丙烯纤维水泥稳定碎石随着水泥掺量的增加，其干缩能抗裂系数和温缩能抗裂系数的变化规律。从图中可以看出，总体上水泥掺量对聚丙烯纤维水泥稳定碎石干缩能抗裂系数和温缩能抗裂系数的影响都很大，水泥掺量从 4%增大到 7%，干缩能抗裂系数和温缩能抗裂系数都是逐渐减小的，干缩能抗裂系数从 7.17%减小到了 0.76%，温缩能抗裂系数从 10.72 ℃减小到了 4.63 ℃。但当水泥掺量小于 6%时，水泥掺量的增加对聚丙烯纤维水泥稳定碎石抗裂性能影响较大，而当水泥掺量大于 6%时，水泥掺量的继续增加对聚丙烯纤维水泥稳定碎石的抗裂性能影响逐渐减小。

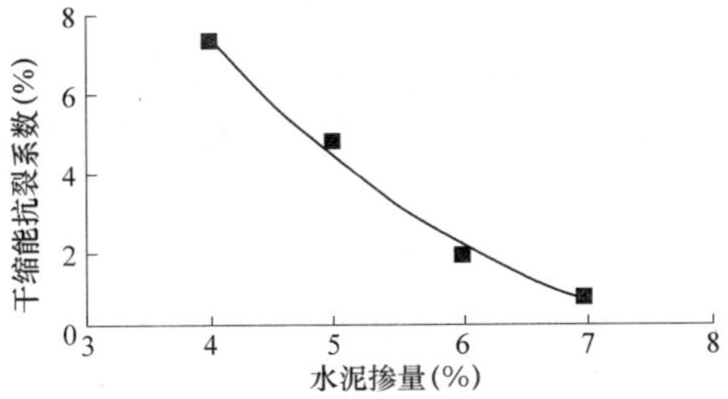

图 7.5　水泥掺量对干缩能抗裂系数的影响

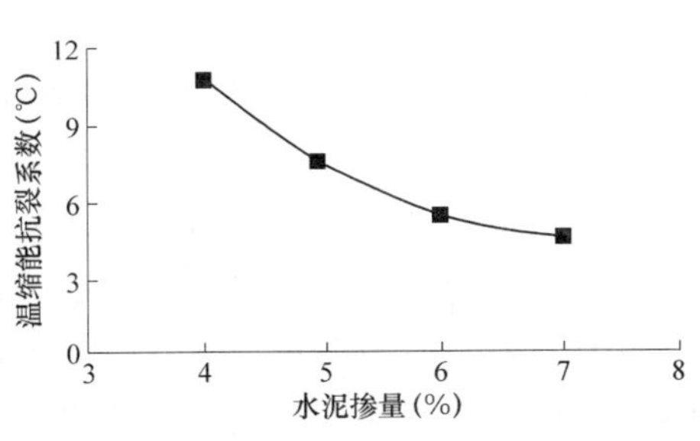

图 7.6　水泥掺量对温缩能抗裂系数的影响

根据试验结果的回归分析，得出了聚丙烯纤维水泥稳定碎石干缩能抗裂系数与水泥掺量的关系式如下(相关系数为 0.988 4)

$$[W_d](M_c) = 0.415M_c^{\ 2} - 6.783M_c + 27.784 \tag{7.21}$$

聚丙烯纤维水泥稳定碎石温缩能抗裂系数与水泥掺量的关系式如下(相关系数为 0.997 6)

$$[W_t](V_f) = 0.627\ 5V_f^{\ 2} - 8.967\ 5V_f + 36.603 \tag{7.22}$$

式(7.21)、式(7.22)中：$[W_d]$为聚丙烯纤维水泥稳定碎石干缩能抗裂系数(%)；$[W_t]$为聚丙烯纤维水泥稳定碎石温缩能抗裂系数，℃；V_f为聚丙烯纤维体积掺量(‰)。

7.6 聚丙烯纤维水泥稳定碎石的抗裂机理分析

聚丙烯纤维在水泥稳定碎石中同在混凝土中一样呈现三维乱向分布，可以用聚丙烯纤维增强混凝土的抗裂机理来分析聚丙烯纤维对水泥稳定碎石的增强抗裂作用，但是由于水泥稳定碎石与混凝土施工工艺以及试件成型方法均有很大差别，因而在聚丙烯纤维的增强阻裂机理上又有一定的不同。由于聚丙烯纤维的掺入，对水泥稳定碎石基体产生了增强、增韧和阻裂等效应，改变了水泥稳定碎石的脆性、易开裂性及其破坏形态，延长了水泥稳定碎石基层的使用寿命。在聚丙烯纤维水泥稳定碎石中，纤维的主要作用在于吸收基体开裂时释放的能量，并因此阻止基体中裂缝的扩展。试验表明，聚丙烯纤维可以提高水泥稳定碎石的抗裂性，具体表现在它可以减小水泥稳定碎石的干缩应变、温缩应变，提高极限抗拉强度，并能提高干缩能抗裂系数和温缩能抗裂系数。聚丙烯纤维对水泥稳定碎石的抗裂机理可以主要通过纤维间距理论来解释。

7.6.1 纤维间距理论

纤维间距理论又称纤维阻裂理论，是由 Romualdi 和 Batson 在 Griffith 理论基础上于 1963 年提出的[280, 281]。该理论在线弹性断裂力学的基础上，认为在脆性材料的内部有尺度不同的微裂缝或亚微裂缝、孔隙和其他缺陷，当受到应力作用时，裂缝尖端产生应力集中，裂缝迅速扩展，使裂缝的数量、长度、裂开度不断增加，最终导致裂缝贯通，形成大的裂缝而使材料结构发生破坏。当脆性材料基体中掺入纤维后，材料受到应力时，纤维的存在将会约束裂缝的引发和裂缝长度及裂开度的扩展，从而起到增韧抗裂作用。

假定聚丙烯纤维在水泥稳定碎石中沿拉应力方向呈棋盘状分布，纤维平均间距为s，半宽长度为a的裂缝发生在四根纤维所围成的区域中心。聚丙烯纤维水泥稳定碎石在受到拉伸时，拉应力在纤维上产生的黏结应力分布在裂缝端部附近，从而对裂缝尖端产生反向应力场，降低了裂缝尖端的应力集中程度，使裂缝的扩展受到约束。此时，裂缝尖端产生一个与基体裂缝尖端相反的应力强度因子，总应力强度因子减小，则聚丙烯纤维水泥稳定碎石应力强度因子可表示为

$$K_T = K_\sigma - K_f \tag{7.23}$$

或

$$K_T = \frac{2\sqrt{a}}{\pi}(f_{tc} - P) \tag{7.24}$$

式中：K_T为聚丙烯纤维水泥稳定碎石实际应力强度因子；K_σ为拉应力引起的内部裂缝端部应力强度因子；K_f为因纤维掺入产生的相反的应力强度因子；f_{tc}为沿纤维方向施加的均匀拉应力；a为裂缝的半宽长度；P为材料裂后附加应变的阻力产生的最大剪应力。

当 $K_T \geqslant K_{IC}$(临界应力强度因子)时，聚丙烯纤维水泥稳定碎石则发生断裂破坏。根据这一理论，水泥稳定碎石中加入聚丙烯纤维后，裂缝端部的扩展力减小，材料的强度特别是韧性得到明显的增强，纤维这种对裂缝扩展的约束作用与纤维之间的间距和纤维的数量有密切关系，纤维间距越小，单位体积中的纤维数量越多，这种作用就越有效。

根据纤维间距理论，非连续聚丙烯纤维在水泥稳定碎石中的阻裂效应很大程度上取决于纤维的平均间距(s 值)与单位体积纤维水泥稳定碎石中纤维的根数(N 值)[282]，对于聚丙烯纤维水泥稳定碎石，s 值与 N 值可近似按下式计算

$$s = 12.5d\sqrt{\frac{1}{V_f}} = 12.5d\sqrt{\frac{10r}{W}} \tag{7.25}$$

$$N = \frac{1.27}{d^2 lr} \times 10^6 \tag{7.26}$$

式中：s 为聚丙烯纤维平均间距(纤维中心间距平均值)；V_f为聚丙烯纤维体积掺量；W为单位体积聚丙烯纤维水泥稳定碎石中纤维重量；r 为聚丙烯纤维的密度；N 为单位体积聚丙烯纤维水泥稳定碎石中纤维的根数；l 为单根聚丙烯纤维的长度(纤维平均长度)。

7.6.2　聚丙烯纤维对水泥稳定碎石的阻裂机理

结合上述两种理论可以来分析聚丙烯纤维掺入水泥稳定碎石后对基体阻裂的机理。由前面章节分析可知，水泥稳定碎石的收缩大部分发生在基层铺筑后的初期阶段，此阶段在水泥稳定碎石内部形成许多毛细通道，由于水和水泥稳定碎石的亲润性，在水分蒸发时，材料毛细通道中便形成凹液面，而凹液面上表面张力的垂直分量形成了对毛细孔壁间材料的拉应力，此时水泥稳定碎石处于塑性阶段，自身的塑性抗拉强度较低，此时如果水泥稳定碎石的塑性抗拉应变能力小于表层毛细孔失水收缩产生的拉应变，则水泥稳定碎石就会出现开裂现象。聚丙烯纤维的加入极大地改变了水泥稳定碎石内部的毛细通道，影响水分迁移，一方面增加了稳定粒料中固相的内表面积，降低了毛细孔张力；另一方面，低弹性模量的聚丙烯纤维相对于塑性体成为了高弹性模量材料，依靠纤维材料与水泥基之间的界面吸附黏结力、机械啮合力等，增加了水泥稳定碎石抵抗开裂的塑性抗拉强度，从而产生明显的阻裂作用。

聚丙烯纤维加入到水泥稳定碎石中纯粹是物理作用，其主要作用是从水泥稳定碎石的铺筑到硬化前，掺入的纤维在水泥稳定碎石中呈现三维乱向分布，阻裂机理具体表现在以下两个方面：

(1)当微裂缝的长度大于纤维的间距时，纤维将跨越裂缝起到传递荷载的桥梁作用，使水泥稳定碎石内的应力场更加连续和均匀。在水泥稳定碎石初裂后可充分发挥其阻裂效应，起到受力筋的作用，承受由界面传递的力的作用，使微裂缝尖端的应力集中得以钝化，裂缝的进一步扩展受到约束。

(2)当微裂缝的长度小于纤维的间距时，聚丙烯短纤维则可以视为水泥稳定碎石的微加筋，与水泥稳定碎石一起承受力的作用，纤维将迫使其改变方向或跨越纤维生成更细微的裂缝场，显著增大了微裂缝扩展的能量消耗。

本书中掺加的聚丙烯纤维为不同长度的混合短纤维，纤维对水泥稳定碎石的阻裂作用充分体现于上述两方面。

本书中所采用的聚丙烯纤维——“丹强丝”，是一种表面经特殊的生产工艺处理过的改性聚丙烯纤维，当掺入水泥稳定碎石后，能与水泥基骨料有极强的黏结力。同别的纤维相比较，聚丙烯纤维可握裹更多的骨料，同水泥稳定碎石基体有更紧密的结合力，可以迅速而轻易地与水泥稳定碎石混合料混合，分布均匀，同时由于细微，故比表面积大。每千克聚丙烯纤维连起来的总长度可绕地球 10 多圈，若分布在 1 m^3 的水泥稳定碎石中，则可使每 1 cm^3 的水泥稳定碎石中有近 20 条纤维丝，故能在水泥稳定碎石内部构成一种均匀的乱向支撑体系，产生一种有效的二级加强效果。

从断裂力学的角度来看，聚丙烯纤维的加入还改善了水泥稳定碎石中裂缝尖端的应力集中，当裂缝发展与纤维相交时，纤维可抵消部分或全部的应力。由于聚丙烯纤维密度低，掺入水泥稳定碎石后，数量大(1 cm^3 水泥稳定碎石中有近 20 条纤维)，呈三维无规则状分布，故微裂缝在发展的过程中必然遭遇纤维的阻挡，消耗了能量，难以进一步发展，从而阻断裂缝起到了抗裂作用。同时，在水泥稳定碎石干缩和温缩过程中，将产生收缩应力，聚丙烯纤维的掺入犹如在水泥稳定碎石中掺入纤维筋，这些纤维筋削弱了水泥稳定碎石的收缩能量，使水泥稳定碎石的收缩能量分散到每立方米数千万条具有高抗拉强度和相对较低弹性模量的纤维单丝上，有效地增强了水泥稳定碎石的断裂韧性，抑制了微裂缝的产生和发展。由于水泥稳定粒料和聚丙烯纤维的弹性模量不同，而当基层产生收缩受力时，水泥稳定碎石内部的各种材料具有相同的应变，因此稳定粒料和纤维中具有不同的应力。由于稳定碎石的应力部分传递给纤维，而纤维的延伸率较高，因而导致在纤维和水泥基体的交界面上产生相互约束的剪应力，即起到了加筋作用。这种剪应力在阻止纤维伸长的同时，也阻止了水泥稳定碎石内部微裂缝的生成，从而提高了断裂韧性。

7.7 结束语

目前，评价半刚性基层材料抗裂性能的指标比较多，本章简要介绍了几种常用的评价指标体系，并以灰色关联分析的方法，对这几种评价指标体系进行了评价。在试验的基础上，采用评价结果得出的最佳评价指标对聚丙烯纤维水泥稳定碎石的抗裂性能进行了分析，探讨了试件养护龄期、纤维体积掺量和水泥掺量等因素对聚丙烯纤维水泥稳定碎石抗裂性的影响。运用纤维间距理论和乱向不连续纤维复合材料理论以及断裂力学的相关知识对聚丙烯纤维对水泥稳定碎石的增强抗裂机理进行了分析。分析结果表明：

(1)基于干缩能、温缩能、极限抗拉能的干缩能抗裂系数和温缩能抗裂系数这一评价指标体系，从能量的观点把应力和应变结合起来，能很好地评价半刚性基层材料的抗裂性能。同一种半刚性基层材料的抗干缩开裂性能和抗温缩开裂性能可能会有所不同，在实际评价其抗裂性时应综合考虑干缩能抗裂系数和温缩能抗裂系数。

(2)聚丙烯纤维的掺入使水泥稳定碎石的抗裂性显著增强。聚丙烯纤维水泥稳定碎石的干缩能抗裂系数随着养护龄期的增长逐渐增大，而其温缩能抗裂系数则略有下降；在本书试验采用的聚丙烯纤维掺量范围内，随着纤维体积掺量的增加，水泥稳定碎石的抗裂性逐渐增强；水泥掺量的增加使聚丙烯纤维水泥稳定碎石的抗裂性逐渐下降，但是当水泥掺量增大到 6%以后，这种下降的趋势就逐渐变小。

(3)影响聚丙烯纤维对水泥稳定碎石阻裂效应的因素主要有两个，即纤维与水泥稳定碎石基体之间的黏结力和水泥稳定碎石中纤维间距的大小。纤维与水泥稳定碎石基体间黏结力越大，纤维间距越小，纤维的阻裂效果就越好。影响纤维与基体间黏结性能好坏的因素包括纤维的表面性质、纤维的表面形态、纤维与水泥稳定碎石基体间界面面积的大小、水泥稳定碎石中骨料颗粒的大小和粗糙程度以及水泥稳定碎石的密实程度等。影响纤维间距大小的因素主要是纤维掺量，另外还包括纤维在水泥稳定碎石中的分散性能。

第 8 章　结　论

8.1　本书工作的总结

水泥稳定碎石是我国高等级公路半刚性基层材料中最常用的基层材料，由前面章节的分析可知，由于荷载作用以及水泥稳定碎石本身固有的干燥收缩和温度收缩特性，水泥稳定碎石基层不可避免地会产生开裂，但是可以采取一定的措施对这种裂缝加以防治和限制。聚丙烯纤维对于普通混凝土收缩裂缝有很好的防治作用，但是由于目前关于聚丙烯纤维对水泥稳定碎石各种性能的影响缺乏相关的研究，聚丙烯纤维对水泥稳定碎石基层裂缝的抗裂效果没有得出一个定论，一直影响着聚丙烯纤维在水泥稳定碎石基层中的应用。鉴于此，本书对水泥稳定碎石基层的开裂机理及裂缝防治措施进行了探讨，提出了在水泥稳定碎石中掺加聚丙烯纤维来增强水泥稳定碎石抗裂性的措施，并对聚丙烯纤维水泥稳定碎石的各种力学性能、收缩性能及断裂性能进行了大量的试验研究，得出如下主要结论：

(1)半刚性基层中间部位的收缩应力最大，最大收缩应力随着基层弹性模量、温差、含水量变化以及基层材料的温缩系数和干缩系数的增大而增大，底基层对基层的阻力系数和半刚性基层的厚度、长度增大也会使收缩应力增大。根据最大收缩应力的各影响因素，可针对沥青面层、半刚性基层和面层与基层间的联结采取相应的措施来减少半刚性路面的收缩开裂。即可以采用优质的沥青混合料和抗拉强度高、断裂韧性好且收缩小的半刚性材料，必要时在半刚性基层与面层之间设置合适的应力吸收层，同时保证施工质量。

(2)半刚性基层内部的开裂是有规律的。当基层内的最大拉应力超过半刚性材料的抗拉强度时，半刚性基层首先在基层板块的中部开裂，然后，每块基层板块进行应力重分布，如果最大应力仍大于基层材料抗拉强度，则继续在基层板块的中间部位，即应力最大部位发生开裂，该进程不断重复直到最后那块基层板块中部最大应力小于或等于半刚性材料的抗拉强度，便不再继续开裂。

(3)聚丙烯纤维的掺加工艺对其在水泥稳定碎石中的分散有很大影响，试验表明，采用干掺法，即在加水之前先对掺加聚丙烯纤维的混合料进行搅拌可以使纤维有效地均匀分散开。水泥稳定碎石试件的成型要采用挤压成型的方法，因而对于梁式试件的成型及脱模难度都比较大。试验中根据圆柱体标准试模的原理，自行设计了一套钢制梁式试模以及脱模的方法，试验表明，该套试模及试件成型、脱模方法能较好地保证试件的最大干密度和成型质量。

(4)在水泥稳定碎石中加入聚丙烯纤维对其抗压强度和抗拉强度没有太大的影响，但是对其抗压回弹模量有较明显的降低作用，1‰的纤维体积掺量使水泥稳定碎石 28 d 回弹模量由未掺纤维时的 3 213 MPa 降低到 2 609 MPa，降低了 19%。并且，在本书聚丙烯纤维掺量范围内，随着聚丙烯纤维体积掺量的增加，抗压回弹模量有逐渐降低的趋势。试验龄期对聚丙烯纤维水泥稳定碎石抗压强度、抗拉强度和抗压回弹模量的影响与对普通水泥稳定碎石的影响有相同的规律，即随着试件养护龄期的增加，抗压强度和抗拉强度和抗压回弹模量均逐渐增加。水泥掺量对聚丙烯纤维水泥稳定碎石的强度和回弹模量有很大影响，随着水泥掺量的增大，抗压强度、抗拉强度和抗压回弹模量都是逐渐增大的。

(5)在大量试验的基础上，探讨了不同试验龄期、不同聚丙烯纤维掺量、不同水泥掺量对聚丙烯纤维水泥稳定碎石抗弯拉强度和抗弯拉弹性模量的影响规律。试验结果表明，在聚丙烯纤维体积掺量小于 1‰的范围内，聚丙烯纤维的掺入使水泥稳定碎石的抗弯拉强度有一定的提高，而抗弯拉弹性模量有一定的降低。随着纤维掺量的增加，水泥稳定碎石抗弯拉强度逐渐增加，抗弯拉弹性模量逐渐降低。聚丙烯纤维体积掺量增大到 1‰时，与普通水泥稳定碎石相比，28 d 龄期抗弯拉强度增加了 10.7%，抗弯拉弹性模量降低了 23.1%。随着养护龄期的增长，聚丙烯纤维水泥稳定碎石抗弯拉强度和抗弯拉弹性模量不断增长。同抗压强度和抗压回弹模量一样，水泥掺量的变化对抗弯拉强度和抗弯拉弹性模量也有较明显的影响，其影响规律具有一致性，即随着水泥掺量的增加，聚丙烯纤维水泥稳定碎石抗弯拉强度和抗弯拉回弹模量都是不断增加的。

(6)聚丙烯纤维对抑制水泥稳定碎石收缩开裂的作用效果主要取决于聚丙烯纤维的掺入对水泥稳定碎石干缩性能和温缩性能的影响。为获得聚丙烯纤维对水泥稳定碎石干缩性能和温缩性能的影响规律，本书分别采用了千分表机测法和应变片电测法对聚丙烯纤维水泥稳定碎石的干缩性能及温缩性能进行了大量试验研究。由试验结果的分析得出，在聚丙烯纤维掺量一定的前提下(体积掺量不超过 1‰)，聚丙烯纤维的掺入可以有效地减小水泥稳定碎石的干缩系数和温缩系数；随着试件养护龄期的增长，不管是掺加聚丙烯纤维还是未掺加聚丙烯纤维的水泥稳定碎石平均干缩系数均逐渐降低，而平均温缩系数均逐渐增加，但是当龄期超过 28 d 以后，龄期的增长对平均干缩系数和温缩系数的影响非常小；随着聚丙烯纤维体积掺量的逐渐增加，水泥稳定碎石的平均干缩系数和温缩系数以较大的幅度逐渐减小；随着水泥掺量的增加，聚丙烯纤维水泥稳定碎石的干缩系数和温缩系数均有增加的趋势。

(7)与普通混凝土相比，水泥稳定碎石强度要低得多，因而其断裂试验存在着很大难度，对试验仪器以及试验过程中的操作均有很高的要求。本书采用三点弯曲试件对水泥稳定碎石和聚丙烯纤维水泥稳定碎石的断裂性能进行了大量的试验研究，试验中测得了三点弯曲试件的极限荷载(P_V)、跨中挠度(δ)、裂缝嘴张开位移($CMOD$)和裂缝尖端张开位移($CTOD$)，并由此计算出了材料的断裂韧度(K_{IC})和断裂能(G_F)，同时在试验中得到了试件的 $P_V \sim \delta$、$P_V \sim CMOD$ 和 $P_V \sim CTOD$ 曲线。由试验结果可知，随着试件养护龄期的增长，未掺纤维的水泥稳定碎石与掺聚丙烯纤维水泥稳定碎石的 K_{IC} 和 G_F 都是逐渐增加的；聚丙烯纤维的掺入对水泥稳定碎石的 K_{IC} 和 G_F 均有提高，对水泥稳定碎石的临界裂缝嘴张开位移($CMOD_C$)和临界裂缝尖端张开位移($CTOD_C$)有略微的增大作用，但对极限裂缝嘴张开位移($CMOD_{max}$)和极限裂缝尖端张开位移($CTOD_{max}$)有明显增大作用；在本书纤维掺量范围内，随着聚丙烯纤维体积掺量的增加，水泥稳定碎石的断裂韧度增加的规律不明显，但断裂能以及 $CMOD_{max}$ 和 $CTOD_{max}$ 是不断增加的，并且 $P_V \sim \delta$、$P_V \sim CMOD$

和 $P_V \sim CTOD$ 曲线逐渐趋于饱满；聚丙烯纤维的加入可以改善水泥稳定碎石的裂缝尖端位移场分布。总而言之，聚丙烯纤维对于水泥稳定碎石的延性有很大提高，对水泥稳定碎石的裂后行为有很大改善，能有效地增强水泥稳定碎石的断裂韧性。

(8)半刚性基层材料抗裂性能的评价指标目前比较多，本书采用灰色关联分析法，通过对几种常用的评价指标体系进行评价，得出评价半刚性基层材料抗裂性的最佳评价指标是干缩能抗裂系数和温缩能抗裂系数，从能量的观点把应力和应变结合起来。聚丙烯纤维的掺入可以使水泥稳定碎石的抗裂性显著增强。本书在试验的基础上，探讨了试件养护龄期、纤维掺量和水泥掺量等因素对聚丙烯纤维水泥稳定碎石抗裂性的影响。聚丙烯纤维水泥稳定碎石的干缩能抗裂系数随着养护龄期的增长逐渐增大，而其温缩能抗裂系数则略有下降。纤维体积掺量在本书试验采用的范围内，随着聚丙烯纤维体积掺量的增加，水泥稳定碎石的抗裂性逐渐增强；水泥掺量的增加使聚丙烯纤维水泥稳定碎石的抗裂性逐渐下降，但是当水泥掺量增大到 6%以后，这种下降的趋势就逐渐变小。

(9)本书运用纤维间距理论和乱向不连续纤维复合材料理论以及断裂力学的相关知识对聚丙烯纤维对水泥稳定碎石的增强抗裂机理进行了分析。分析结果表明，影响聚丙烯纤维对水泥稳定碎石阻裂效应的因素主要有两个，即纤维与水泥稳定碎石基体之间的黏结力和水泥稳定碎石中纤维间距的大小。纤维与水泥稳定碎石基体间黏结力越大，纤维间距越小，纤维的阻裂效果就越好。影响纤维与基体间黏结性能好坏的因素包括纤维的表面性质、纤维的表面形态、纤维与水泥稳定碎石基体间界面面积的大小、水泥稳定碎石中骨料颗粒的大小和粗糙程度以及水泥稳定碎石的密实程度等。影响纤维间距大小的因素主要是纤维掺量，另外还包括纤维在水泥稳定碎石中的分散性能。

8.2 进一步研究的展望

本书在对水泥稳定碎石基层的开裂机理及裂缝防治措施进行探讨的基础上，提出了在水泥稳定碎石中掺加聚丙烯纤维来提高水泥稳定碎石抗裂性的措施，并对聚丙烯纤维水泥稳定碎石的各种力学性能、收缩性能及断裂性能进行了大量的试验研究。由于目前国内外对聚丙烯纤维半刚性基层材料的研究资料非常缺乏，而本书受试验条件及其他因素的限制，所研究的内容与该研究领域的整体内容相比，只是其中的一部分，因而对于聚丙烯纤维增强半刚性基层材料尚有较大的研究空间。为了便于将这种新型路面材料应用于实际工程中，尚有许多方面工作有待于进一步深入研究：

(1)目前，高等级公路半刚性基层材料有很多类型，除水泥稳定碎石外，还有水泥稳定砂砾、二灰稳定砂砾、二灰稳定碎石、水泥粉煤灰稳定碎石和水泥粉煤灰稳定砂砾等基层材料。本书仅以水泥稳定碎石为例，通过试验，研究了聚丙烯纤维对其抗裂性的影响，而聚丙烯纤维对其他类型基层材料性能的影响将会是该研究领域下一步研究的方向之一。

(2)本书试验中聚丙烯纤维水泥稳定碎石试件成型方式参考《公路工程无机结合料稳定材料试验规程》标准，采用静力挤压成型方法，而实际工程中伴随着静压还有振动碾压的工序，与之相仿的试件成型方式是振动压实法，这两种试件成型方法对聚丙烯纤维水泥稳定碎石各种性能的影响有待于进一步研究。

(3)骨料的级配对水泥稳定碎石抗裂性能有很大的影响，有关资料根据骨料级配提出“骨架密实结构”和“悬浮密实结构”的级配类型，本书统一采用规范规定的高等级公路路面基层级配范围的中值，即“悬浮密实结构”型级配。在今后的研究中可以对比两种级配情况下聚丙烯纤维水泥稳定碎石的抗裂性，即进一步研究级配变化对聚丙烯纤维在水泥稳定碎石中抗裂性的影响。

(4)本书对聚丙烯纤维水泥稳定碎石的抗压强度、劈裂抗拉强度、抗压回弹模量、抗弯拉强度、抗弯拉弹性模量、收缩性能以及断裂性能进行了大量试验研究。然而，还有一些其他性能由于受试验条件限制，本书未涉及，比如聚丙烯纤维水泥稳定碎石的抗冲刷性、水稳定性、抗冻性以及抗疲劳性等，进一步加强对这些性能的研究将有助于聚丙烯纤维水泥稳定碎石的应用。

(5)半刚性基层在实际存在的环境中，干燥收缩和温度收缩是同时发生的，而本书在进行抗裂性分析和安排试验时是分别考虑这两种收缩的，尽管这对半刚性材料抗裂性能有一定可靠程度的预估性，但与实际情况仍有不少差距。因而，在今后的试验研究中，应当探索一种新的试验方法，在更严格的试验条件下，将干燥收缩和温度收缩结合起来测试半刚性材料的收缩性能。

(6)本书中采用半刚性材料的抗弯拉强度和抗弯拉弹性模量分别来代替极限抗拉应力和抗拉弹性模量，从理论上来讲可以采取这样近似的代替，但与材料实际受拉情况的符合程度还需进一步研究，可考虑采用半刚性材料特定温度下的轴向拉伸试验获得其极限抗拉应力和抗拉弹性模量。

(7)本书测得了聚丙烯纤维水泥稳定碎石的断裂参数，分析了聚丙烯纤维对水泥稳定碎石断裂韧性的影响。但试验中采用单一的试验方法，即三点弯曲试验，预制裂缝的长度固定地取为三点弯曲梁高的 20%，且预制缝的预制方式均采用锯缝。在今后的研究当中，可尝试采用其他的试验方法，如四点弯曲试验、楔劈拉伸试验等方法，而且可以考虑采用多种预制缝长度和预制方式，以更接近基层实际的受力破坏方式。另外，聚丙烯纤维断裂尺寸效应研究也是将来该领域内的一个研究方向。

参考文献

[1] 沙庆林. 高等级公路半刚性基层沥青路面[M]. 北京：人民交通出版社，1999.

[2] 曹建新. 重载交通下级配碎石基层材料组成结构与动力特性的研究[D]. 哈尔滨：哈尔滨工业大学，2001.

[3] 萧赓. 水泥稳定级配碎石基层路用结构性能及改善措施研究[D]. 西安：长安大学，2001.

[4] 蒋应军. 水泥稳定碎石基层收缩裂缝防治研究[D]. 西安：长安大学，2001.

[5] 张嘎吱. 考虑抗裂性的水泥稳定类材料配合比设计方法研究[D]. 西安：长安大学，2001.

[6] Epps A L. Design and analysis system for thermal cracking in asphalt concrete[J]. Journal of Transportation Engineering，2000，126 (4)：300-307.

[7] Epps A L. A comparison of measured and predicted low temperature cracking conditions[J]. Journal of the Association of Asphalt Paving Technologists，1996 (65)：277-310.

[8] Bahia H U，Zeng M，Nam K. Consideration of strain at failure and strength in prediction of pavement thermal cracking[J]. Journal of the Association of Asphalt Paving Technologists，2000 (69)：497-539.

[9] Sharrock M J，Dongre R，Rowe G M，et al. Predicting thermal cracking of pavements from binder properties：Theoretical basis and field validation[J]. Journal of the Association of Asphalt Paving Technologists，2000 (69)：455-496.

[10] Kandhal P S，Dongre R，Malone M S. Prediction of low-temperature cracking of pennsylvania project using superpave binder specification[J]. Journal of the Association of Asphalt Paving Technologists，1996 (65)：491-513.

[11] 焦新海，周行春. 半刚性路面反射裂缝防治措施研究综述[J]. 重庆交通学院学报，1998，17(1)：52-57.

[12] 蒋应军，戴经梁，陈忠达. 半刚性基层裂缝产生机理分析及防治措施[J]. 重庆交通学院学报，2002，21(2)：54-57.

[13] 胡龙泉，蒋应军，陈忠达，等. 骨架密实型水泥稳定碎石路用性能[J]. 交通运输工程学报，2001，1(4)：37-40.

[14] 黄晓明，吴少鹏，等. 沥青与沥青混合料[M]. 南京：东南大学出版社，2002.

[15] 张登良. 沥青与沥青混合料[M]. 北京：人民交通出版社，1993.

[16] 张登良. 沥青路面[M]. 北京：人民交通出版社，1999.

[17] 杨涛. 半刚性基层沥青路面反射裂缝的产生机理及防治措施[D]. 武汉：武汉理工大学，2005.

[18] 陆文学，陈崇驹，丛林. 半刚性基层养护期干缩开裂发展过程的分析[J]. 公路，2002(12)：132-135.

[19] 程英伟，汤捷. 高等级公路半刚性基层沥青路面开裂的机理分析及防治[J]. 公路交通技术，2004(6)：39-42.

[20] 杨成忠，陈万祥. 基于半刚性基层的沥青路面反射裂缝分析与防治[J]. 公路，2002(4)：85-88.
[21] 徐希娟，郭克清，杨健. 半刚性基层沥青路面开裂机理研究[J]. 西北公路，2001(3)：15-17.
[22] 马培建，张所新，姜福香. 半刚性基层沥青路面施工期开裂分析及预测[J]. 青岛建筑工程学院学报，2003，24(3)：5-8.
[23] George K P. Shrinkage cracking of soil-cement base，theoretical and model studies[J]. Highway Research Record，1971 (35)：115-133.
[24] George K P. Viscoelastic shrinkage stress in soil-cement base[J]. Journal of the Soil Mechanics and Foundations Division，1972，98 (SM12)：1375-1391.
[25] George K P. Mechanism of shrinkage cracking of soil-cement bases[J]. Highway Research Record，1973 (442)：1-10.
[26] Lallbedi P B, Khanna S K, Banerjee B N. Shrinkage characteristics of soil-cement base courses[J]. Indian Highway，1976，4 (11)：31-43.
[27] Rawlings R E. Drying shrinkage of cement treated paving materials[J]. Journal of Transportation Engineering，1988，11 (4)：245-252.
[28] 吴传海.高等级公路二灰碎石基层材料路用性能综合评定及合理配合比研究[D]. 西安：长安大学，2001.
[29] 张洪华. 半刚性基层混合料收缩性能研究[J]. 公路交通科技，1990(4)：26-29.
[30] 张登良，郑南翔. 半刚性基层材料收缩抗裂性能研究[J]. 中国公路学报，1991，4(1)：16-22.
[31] 杨锡武，梁富权. 养生条件对半刚性路面基层收缩特性的影响研究[J]. 重庆交通学院学报，1995，14(3)：53-56.
[32] 杨锡武. 半刚性路面基层材料收缩规律的研究[J]. 华东公路，1994(3)：74-76.
[33] 谭鹰. 正交法在二灰碎石基层干缩试验研究中的应用[J]. 中外公路，2002，22(2)：68-70.
[34] 申爱琴，李祝龙，王江帅，等. 稳定砂土类半刚性材料温缩性能研究[J]. 公路，2000(3)：68-73.
[35] 李彬. 二灰碎石基层材料温缩性能试验研究[J]. 中外公路，2002，22(2)：70-72.
[36] 姜蓉，尹敬泽，顾安全. 半刚性基层材料强度与收缩性能的试验研究[J]. 公路，2002(12)：107-110.
[37] 朱云升，郭忠印，陈崇驹，等. 半刚性基层材料干缩和温缩特性试验研究[J]. 公路，2002(6)：145-148.
[38] 吴赣昌，凌天清. 半刚性基层温缩裂缝的扩展机理分析[J]. 中国公路学报，1998，11(1)：20-28.
[39] 吴赣昌. 半刚性路面的温度应力分析[M]. 北京：科学出版社，1995.
[40] 吴赣昌. 半刚性基层沥青路面温度场的解析理论[J]. 应力数学和力学，1997，18(2)：169-172.
[41] 吴赣昌，张淦生. 沥青路面温缩裂缝的应力强度分析[J]. 中国公路学报，1996，9(1)：37-44.
[42] 岳福青，杨春风，魏连雨. 半刚性基层沥青路面反射裂缝形成扩展机理与防治[J]. 河北工业大学学报，2004，33(1)：70-74.
[43] Jiwon K，William G B. Analysis of reflective crack control system involving reinforcing grid over base-isolating interlayer mixture[J]. Journal of Transportation Engineering，2002，128 (4)：375-384.
[44] 彭妙娟，张登良，夏永旭. 半刚性基层沥青路面的断裂力学计算及其应用[J]. 中国公路学报，2003，16(1)：114-118.

[45] 梁乃兴，萧赓.水泥粉煤灰碎石基层力学性能对沥青路面结构的影响分析[J]. 中国公路学报，2003，16(3)：18-22.

[46] Ramsamooj D V，Lin G S. Stress at joints and cracks in highway and airport pavements[J]. Engineer Fracture Mechanics，1999，60 (6)：507-518.

[47] 郑健龙，张起森. 半刚性路面反射裂缝及其应力强度因子的有限元分析[J]. 岩土工程学报，1990，12 (3)：22-31.

[48] 刘善平，周任.半刚性基层沥青路面反射裂缝的空间有限元分析[J]. 湖南大学学报，1992，19(4)： 76-88.

[49] 白琪峰，陈荣生，杜骋.半刚性基层沥青混凝土路面反射裂缝模拟试验及有限元分析[J]. 公路，2004(8)：97-101.

[50] 岳福青，杨春风.半刚性基层沥青路面温缩裂缝的有限元分析[J]. 桂林工学院学报，2004，24(1)：52-54.

[51] 胡珊，任瑞波，栾海，等. 具有柔性过渡层的沥青混凝土路面半刚性基层顶部温度状况的理论模拟[J]. 公路，2003(12)：62-65.

[52] 谭智军. 沥青路面温缩裂缝的应力强度因子分析[J]. 科学技术与工程，2004，4(10)：884-886.

[53] 任瑞波，钟岱辉，李海芝，等. 柔性基层改善沥青路面半刚性底基层温度状况分析[J]. 哈尔滨工业大学学报，2004，36(9)：1280-1282.

[54] Seed H B，Chen C K，Lee C E. Resilience characteristics of sub-grade soil and their relation to fatigue failures in asphalt pavement. Proceeding of Internal Conference on the Structural Design of Asphalt Pavement. University of Michigan，1968：611-636.

[55] Lee C E. The determination of pavement deflections under repeated load applications[D]. Berkeley：Univ. of California，1962.

[56] Mitry F G. Determination of the modulus of resilient deformation of untreated base course material[D]. Berkeley：Univ. of California，1964.

[57] ousa J B， Taylor R, Tanco A J. Analysis of some laboratory testing systems for asphalt aggregate mixtures. Presented at the 70th Annual Meeting of the Transportation Research Board，Washington D.C.，1991：1035-1046.

[58] Haque M E， Zaman M， Soltani A A. Cracking characteristics of model continuously reinforced concrete pavement[J]. TRR， 1998 (1629)：90-98.

[59] 钱章久. 水泥基层的开裂控制[J]. 国外公路，1998(4)：19-21.

[60] 郝培文，胡长顺，张炳乾，等. 半刚性基层材料抗冲刷性能的研究[J]. 西安公路交通大学学报，2000，20(2)：9-11.

[61] 滕旭秋，陈忠达，任伟. 二灰碎石混合料抗冲刷性能试验研究[J]. 公路交通科技，2005，22(10)：27-30.

[62] 沙爱民，胡力群. 半刚性基层材料抗冲刷性能试验方法研究[J]. 中国公路学报，2002，15(2)：4-7.

[63] 支喜兰，韩冰. 土工格栅加筋半刚性基层材料的抗弯拉及疲劳性能试验分析[J]. 重庆交通学院学报，2005，24(4)：62-66.

[64] 王亚玲，张尚昆，颜祖兴，等. 土工格栅加筋水泥稳定碎石材料的疲劳试验[J]. 长安大学学

报：自然科学版， 2006，26(2)：18-21.
[65] 丛林，郭忠印，暨育雄，等. 半刚性基层材料性能参数的试验研究[J]. 建筑材料学报，2001，4 (4)：385-390.
[66] 刁应祥. 几种常用半刚性基层材料路用性能试验研究及应用[J]. 长沙交通学院学报，1994，10(1)：20-32.
[67] 朱梦良，刁应祥.路面半刚性基层材料抗压应力应变全曲线特性[J]. 长沙交通学院学报，1996，12 (2)：48-54.
[68] 王宏畅，黄晓明，傅智. 半刚性基层材料路用性能的试验研究[J]. 公路交通科技，2005，22(10)：45-49.
[69] 程新春，章志明，张亚平，等. 二灰稳定碎石半刚性基层性能的试验研究[J]. 合肥工业大学学报：自然科学版，2004，27(3)：294-298.
[70] 李立寒，谈至明，姜爱峰. 二灰碎石强度特性影响因素试验研究.同济大学学报：自然科学版，2003，31(4)：424-427.
[71] 王元纲，李强明，柯洁铭，等. 二灰碎石的抗拉性能[J]. 南京林业大学学报：自然科学版，2001，25(6)：27-29.
[72] 王保龙，崔吉淦，方永禄，等. 二灰碎石基层材料抗冻性研究[J]. 混凝土与水泥制品，2001(1)：9-11.
[73] 况小根. 细集料含量对二灰碎石基层材料性能影响的研究[D]. 南京：南京林业大学，2002.
[74] 刘红瑛. 骨架密实型二灰稳定碎石基层配合比设计方法及路用性能研究[D]. 西安：长安大学，2001.
[75] 李雨晖. 水泥粉煤灰稳定碎石混合料性能的试验研究[D]. 南京：南京林业大学，2004.
[76] 张北瑞，熊尚谱. 粉煤灰—水泥稳定碎石基层力学特性的试验研究[J]. 石家庄铁道学院学报，1999，12(3)：70-73.
[77] 孙兆辉，许志鸿，吴美发. 考虑收缩因素的水泥稳定碎石级配组成设计研究[J]. 公路交通科技，2006，23(3)：15-19.
[78] 覃建龙，田盛鼎. 水泥稳定碎石矿料级配优化试验研究[J]. 公路交通科技，2005，22(11)：50-53.
[79] 梅传江，牛朋. 水泥稳定碎石基层路用性能研究[J]. 公路交通科技，2002，19(3)：35-37.
[80] 邓云潮，郝建中，李俊超. 水泥稳定砂砾材料特性及厚度的研究[J]. 西安科技学院学报，2001，21(1)：30-35.
[81] 邢俊堂，高玉翠，王行耐. 水泥稳定砂砾无侧限抗压强度的影响因素分析[J]. 济南交通高等专科学校学报，2000，8(3)：44-46.
[82] 杨红辉. 掺膨胀剂及纤维水泥稳定碎石抗裂性能研究[D]. 西安：长安大学，2003.
[83] 杨红辉，陈忠达，戴经梁. 掺纤维水泥稳定碎石基层材料配合比研究[J]. 公路交通科技，2006，23(3)：20-23.
[84] 黄煜镔，吕伟民，徐建达，等. 减缩剂在水泥稳定碎石基层中的应用[J]. 同济大学学报：自然科学版，2005，33(8)：1047-1050.
[85] 黄煜镔，吕伟民，徐建达，等. 减水剂对水泥稳定碎石物理力学性能的影响[J]. 建筑材料学报，2005，8 (3)：311-315.

[86] 曾宇彤，陈湘华，王端宜. 美国永久性路面结构[J]. 中外公路，2003，23(3)：59-62.

[87] Bullen D F，Mangan D P A. Conceptual designs for long-life，heavy duty asphalt pavements. Proceedings of the 1998 19th ARRB Conference，Sydney，1998：165-179.

[88] Scherocman J. Construction factors for long-lasting asphalt pavements[J]. Asphalt，2004，19 (1)：14-16.

[89] Merrill D，Van D A，Gaspar L. A revies of practical experience throughout Europe on deterioration in fully-flexible and semi-rigid long-life pavements[J]. International Journal of Pavement Engineering，2006，7 (2)：101-109.

[90] Cheneviere P，Ramdas V. Cost bevefit analysis aspects related to long-life pavements[J]. International Journal of Pavement Engineering，2006，7 (2)：145-152.

[91] Ferne B. Long-life pavements-A European study by ELLPAG[J]. International Journal of Pavement Engineering，2006，7 (2)：91-100.

[92] Haas R，Tighe S L，Cower F L. Determining returen on long-life pavements investments[J]. TRR，2006 (1974)：10-17.

[93] Lee H J，Lee J H，Park H M. Performance evaluation of high modulus asphalt mixtures for long life asphalt pavements[J]. Construction and Building Materials，2007，21 (5)：1079-1087.

[94] 张争奇，胡长顺. 纤维加强沥青混凝土几个问题的研究和探讨[J]. 西安公路交通大学学报，2001，21(1)：29-32.

[95] 李炜光，张争奇，张登良，等. 纤维加强沥青路面的研究[J]. 西安公路交通大学学报，1998，18(3B)：235-238.

[96] 姚丽. 纤维绳对沥青混凝土路面抗裂作用的探讨[J]. 东北公路，1999，22(2)：25-28.

[97] 孙雅珍，赵颖华. 新型纤维增强沥青路面的研究[J]. 华东公路，2002(2)：63-66.

[98] 陈华鑫，张争奇，胡长顺.纤维沥青路用性能机理[J]. 长安大学学报，2002，22(6)：5-7.

[99] 杨红辉，袁宏伟，郝培文，等. 木质素纤维沥青混合料路用性能研究[J]. 公路交通科技，2003，20(4)：10-12.

[100] 邢爱萍，孔永健. 纤维加强沥青路面在我国的应用[J]. 东北公路，2003，26(2)：27-30.

[101] 陈文，廖卫东，薛永杰，等. 聚合物纤维改性高性能沥青混凝土的研究[J].武汉理工大学学报，2003，25(12)：44-46.

[102] 徐至钧，汤胜宇. 聚酯纤维在热沥青混凝土路面上的应用[J]. 建筑技术，2004，35(1)：36.

[103] 郭乃胜，赵颖华，李刚. 聚酯纤维沥青混凝土的低温抗裂性能分析[J]. 沈阳建筑工程学院学报：自然科学版，2004，20(1)：1-3.

[104] 董苏波，王元纲，吴育琦，等. 玻纤对二灰碎石基层的力学性能影响试验[J]. 苏州科技学院学报：工程技术版，2004，17(2)：30-33.

[105] 陈晔. 沥青路面纤维半刚性材料的抗裂设计研究[J]. 长沙交通学院学报，1992(6)：75-78.

[106] 徐剑. 格网碎片加固水泥稳定土基层材料的应用研究[D]. 长沙：长沙交通学院，2000.

[107] 黄卫. 南京机场高速公路半刚性基层特性研究[M]. 北京：人民交通出版社，1998：86-87.

[108] 蒋应军，陈忠达，彭波，等. 密实骨架结构水泥稳定碎石路面配合比设计方法及抗裂性能[J]. 长安大学学报：自然科学版，2002，22(4)：9-12.

[109] 黄学文，张正锋. HNF-6 高效缓凝阻裂剂在水泥稳定碎石基层中的应用研究[J]. 公路交通科技，2001，18(2)：13-15.

[110] 黄学文，张正锋，王旭东. HF-Ⅱ缓凝减水阻裂剂在水泥稳定碎石基层中的应用研究[J]. 公路，2001 (4)：59-62.

[111] 张晓冰. 半刚性基层沥青混凝土路面裂缝出现原因分析及防治措施[J]. 河南交通科技，1999，19 (2)：13-14.

[112] 汤勇. 半刚性基层预切缝防止反射裂缝的试验研究[D]. 沈阳：东北大学，2003.

[113] 徐江萍，张磊. 水泥粉煤灰稳定碎石基层沥青路面防裂措施研究[J]. 中外公路，2005，25(3)：43-46.

[114] 周继业，林绣贤. 沥青路面的预锯缝和缝距计算[J]. 中国公路学报，1994，7(1)：14-19.

[115] 蒋应军，薛航，薛辉，等. 半刚性基层预锯缝及铺土工布的路面防裂措施[J]. 长安大学学报：自然科学版，2006，26 (2)：6-9.

[116] 蔡喜棉. 旧水泥混凝土路面上的罩面[J]. 华东公路，2000(4)：3-7.

[117] Swamy R，Hussin M W. Continuous woven polypropylene mat reinforced cement composites for applications in building construction. Textile Composites in Building Construction，Part 1，1990：57-67.

[118] Peled A，Bentur A，Yankelevsky D. Flexural performance of cementitious composites reinforced by woven fabrics[J]. Materials in Civil Engineering，1999(11)：325-330.

[119] Kruger M，Ozblot J，Reinhardt H W. A new 3D discrete bond model to study the influence of bond on structure performance of thin reinforced and prestressed concrete plates. Workshop on High Performance Fiber Reinforced Cement Composites (HPFRCC4). Proceeding of the 4th International RILEM，Ann Arbor，2003(6)：49-63.

[120] Meyer C，Vilkner G. Glass concrete thin sheets prestressed with aramid fiber mesh. Workshop on High Performance Fiber Reinforced Cement Composites (HPFRCC4). Proceeding of the 4th International RILEM，Ann Arbor，2003(6)：325-336.

[121] 凌旭初. 土工织物控制沥青路面反射裂缝的试验研究[J]. 华东公路，1990(6)：12-15.

[122] Peter S P. Development in highway pavement engineering[M]. London：Applied Science Publishers Ltd，1982.

[123] Richard D B. Performance of asphalt concrete pavement[J]. Transportation Engineering Journal，1977(1)：142-151.

[124] Safwan K. Deformation characteristics of granular base course in flexible pavements[J]. TRR，1985(1043)：100-110.

[125] Binh V. Influence of density and moisture content on dynamic stress-strain behavior of a low plasticity crushed rock[J]. Road & Transport Research，1992，1 (2)：45-54.

[126] Coetzee N F，Monismith C L. Analytical study of Minimization of reflection cracking in asphalt concrete overlays by use of a rubber-asphalt interlayer[J]. TRR，1981 (700)：101-108.

[127] Monismith C L，Coetzee N F. Reflection cracking：Analysis，laboratory state and design considerations[J]. AAPT，1980 (49)：268-313.

[128] Coetzee N F. Some considerations on reflection cracking in asphalt concrete overlay pavement [D]. California：Univ. of California，1979.

[129] Francken L，Vanelstraete A. Interface systems to prevent reflective cracking：Modeling and experimental testing methods. Proceedings of the 7th ISAP，1992 (1)：45-60.

[130] Marchand J P，Goacolou H. Cracking in wearing course. Proceedings of the 5th ISAP，1982：741-757.

[131] Jayqwickrama P W，Simith R E，Lytton R L，et al. Development of asphalt concrete overlay design program for reflective cracking. Proceedings of RILEM Conf. on Reflective Cracking in Pavements，1989：164-170.

[132] Majidzadeh K，Sacharieh G. The study of pavement overlay design. Final Report，Ohio State Univ.，Columbus，1977.

[133] Cheetham A，Haas R. Initial design analysis for elimination of pavement reflection cracking through overlay by use of a composite interlayer. Research Report for Ontario Joint Transportation and Systems Ltd，1981.

[134] Joseph P. Low temperature reflection cracking through asphalt overlays [D]. Waterloo：Univ.of Waterloo，1987.

[135] Chen J A，Vito J A D，Morris G A. Finite element analysis of Arizona's three layers overlay system of rigid pavements to prevent reflective cracking[J]. AAPT，1982 (54)：150-168.

[136] Vanealstraete A，Fanken L. Numercial modeling of crack initiation under thermal stress and traffic. Proceedings of the 2nd Int. RILEM Conf. 1993：136-145.

[137] Molenear A A. Effects of mix modifications，membrane interlayer and reinforcements on the prevention of reflective cracking of asphalt overlays. Proceedings of Int. RILRM Conf. On Reflective Cracking in Pavements，1989：225-232.

[138] 高建虹．玻璃纤维土工格栅在沥青路面上的应用[J]．公路，2002(3)：80-82.

[139] 戚文华，张占军.玻璃纤维土工格栅在沥青道路上的应用[J].平顶山工学院学报，2003，12(3)：10-11.

[140] Goldfein S. Fibrous reinforcement for Portland cement[J]. Modern Plastics，1965 (4)：156-159.

[141] 沈荣熹.纤维混凝土[M].北京：中国建筑工业出版社，1995.

[142] Houssam A，Toutan J. Properties of polypropylene fiber reinforced silica fume expansive-cement concrete[J]. Construction and Building Materials，1999 (3)：171-177.

[143] Banthia N，Nandakumar N. Crack growth resistance of hybrid fiber reinforced cement composites[J]. Cement and Concrete Composites，2003 (25)：3-9.

[144] Toledo F R D，Sanjunan M A. Effect of low modulus sisal and polypropylene fiber on the free and restrained shrinkage of mortars at early age[J]. Cement and Concrete Research，1999 (29)：1547-1604.

[145] Malhotra V M. Mechanical properties and durability of polypropylene fiber reinforced high-volume fly ash concrete for shotcrete applications[J]. Fuel and Energy Abstract，2000 (4)：235-241.

[146] Kayali O, Haque M N, Zhu B. Some characteristics of high strength fiber reinforced lightweight aggregate concrete[J]. Cement and Concrete Composites, 2003 (25): 207-213.

[147] Alhozaimy A M, Soroushian P, Mirza F. Mechanical properties and the effects of Pozzolanic materials[J]. Cement and Concrete Composites, 1996 (18): 85-92.

[148] Manolis G D, Gareis P J, Tsonos A D, et al. Dynamic properties of polypropylene fiber-reinforced concrete slabs[J]. Cement and Concrete Composites, 1997 (19): 341-349.

[149] Bing C, Juanyu L. Residual strength of hybrid-fiber-reinforced high-strength concrete after exposure to high temperatures[J]. Cement and Concrete Research, 2004 (34): 1065-1069.

[150] 曹诚，刘兰强. 关于聚丙烯纤维对混凝土性能影响的几点认识[J]. 混凝土，2000(9): 49-51.

[151] 刘兰强，曹诚. 聚丙烯纤维在混凝土中的阻裂效应研究[J]. 公路，2000(6)：39-42.

[152] 华渊，刘荣华，曾艺. 纤维增韧高性能混凝土的试验研究[J]. 混凝土与水泥制品，1998(3)：40-43.

[153] 戴建国，黄承逵.网状聚丙烯纤维混凝土的试验研究[J]. 混凝土与水泥制品，1999(4)：35-38.

[154] 戴建国，刘明，黄承逵. 聚丙烯纤维混凝土和砂浆的塑性收缩试验研究[J]. 沈阳建筑工程学院学报，2000，16(3)：195-198.

[155] 亢景付. 水泥混凝土的塑性收缩及聚丙烯纤维阻裂增韧机理探讨[J]. 混凝土，2003(1)：10-12.

[156] 陈弘. 聚丙烯纤维在混凝土抗裂中的应用[J]. 新型建筑材料，2002(6)：7-8.

[157] 都成，黄亚胜，孙伟. 聚丙烯纤维对混凝土抗裂防渗性能影响[J]. 低温建筑技术，2005(5)：55-56.

[158] 孙道胜，邓敏，唐明述，等. 聚丙烯纤维增强膨胀混凝土阻裂抗渗性能研究[J]. 工业建筑，2004，34 (3)：49-52.

[159] 张树光，张向东，祖勇. 纤维半刚性基层的响应分析[J]. 辽宁工程技术大学学报：自然科学版，2000，19(6)：594-595.

[160] 陈晔，张起森. 沥青路面纤维半刚性基层材料的性能分析[J]. 长沙交通学院学报，1994，10(1)：33-38.

[161] 张金铭，陈亭. 聚丙烯纤维在水泥稳定碎石基层中的应用[J]. 哈尔滨商业大学学报：自然科学版，2003，19(5)：607-609.

[162] 董苏波. 纤维增强二灰碎石半刚性基层性能的研究[D]. 南京：南京林业大学，2003.

[163] 李国红. 寒冷地区聚丙烯加固二灰碎石的研究[D]. 长春：吉林大学，2003.

[164] 王敬飞. 半刚性基层沥青路面早期破坏分析及对策[J]. 青海交通科技，2005(2)：18-20.

[165] 张维仁，薛玉柱，韩秀梅. 半刚性基层沥青路面裂缝成因分析及防治[J]. 内蒙古公路与运输，2005(1)：31-33.

[166] 杨成忠，陈万祥. 半刚性基层沥青路面反射裂缝形成机理初探[J]. 东北公路，2002，25(3)：25-27.

[167] 张登良，郑南翔.半刚性基层材料收缩机理分析——半刚性基层抗裂性能研究之一[J]. 西安公路学院学报，1990，10(2)：1-7.

[168] Wang H C, Huang X M, Fu Z. Influence factors on surface crack of semi-rigid base course[J].

Journal of Traffic and Transportation Engineering，2005，5 (2)：38-41.
[169] Ashraf M, Abdel R, George K P. Optimum cracking for improved performance of cement-treated bases. Proc. 78th Transportation Research Board，1999.
[170] 郑健龙，周志刚，等.沥青路面抗裂设计理论与方法[M]. 北京：人民交通出版社，2003.
[171] 王铁梦. 工程结构裂缝控制[M]. 北京：中国建筑工业出版社，1997.
[172] 光同文. 半刚性基层温缩裂缝控制措施的研究[J]. 合肥工业大学学报，2003，26(1)：127-132.
[173] 朱照宏，王秉纲，郭大智. 路面力学计算[M]. 北京：人民交通出版社，1988.
[174] Caltabiano M A，Brunton J M. Reflection cracking in asphalt overlays. Asphalt Paving Technology: Association of Asphalt Paving Technologists-Proceedings of the Technical Sessions， USA，AAPT，1991 (60)：310-312.
[175] Sousa J B， Pais J C， Saim R, et al. Mechanistic-empirical overlay design method for reflective cracking[J].TRR， 2002 (1809)：209-217.
[176] Shatnawi S R. Procedure for evaluating reflective cracking. Proceedings of the materials engineering conference，New York，ASCE，1999 (2)：1429-1438.
[177] Kim K W， Doh Y S，Lim S. Mode 1 reflection cracking resistance of strengthened asphalt concretes[J]. Construction and Building Materials，1999，13(5)：243-251.
[178] Tighe S，Haas R，Ponniah J. Life-cycle analysis of mitigating reflective crackin[J]. TRR，2003 (1823)：73-79.
[179] Owusu-Antwi E B，Khazanovich L，Titus-Glover L. Mechanistic-based model for predicting reflective cracking in asphalt concrete-overlaid pavements[J]. TRR，1998 (1629)：234-241.
[180] 罗俊明. 半刚性基层柔性路面裂缝调查报告[J]. 湖南交通科技，1992，18(2)：34-38.
[181] 郑健龙，张起森. 半刚性基层沥青路面[M]. 北京：人民交通出版社，1991.
[182] Brown N R. Solution for distressed pavements and crack reflection. Eight International Conference on Low-volume Roads 2003. USA，National Research Council， 2003 (1819)：313-317.
[183] Brown S F，Thom N H， Sanders P J. A study of grid reinforced asphalt to combat reflection cracking. Asphalt Paving Technology：Association of Asphalt Paving Technologists-Proceedings of the Technical Sessions，USA，AAPT，2002 (70)：543-571.
[184] Gibney A，Lohan G，Moore V. Laboratory study of resistance of bituminous overlays to reflective cracking[J]. TRR，2002 (1809)：184-190.
[185] Chang D T，Lai R Q，Chang J Y，et al. Effects of geo-grid in enhancing the resistance of asphalt concrete to reflection cracks. ASTM Special Technical Publication，1998 (1348)：39-52.
[186] Ishai L，Livneh M，Kief O，et al. Experimental and analytical model for the role of reinforced asphaltic membranes in retardation of reflective cracking. Asphalt Paving Technology：Association of Asphalt Paving Technologists-Proceedings of the Technical Sessions， USA，AAPT，1993 (62)：130-149.
[187] Jiang Y，Mc D，Rebecca S. Application of cracking and seating and use of fibers to control reflective cracking[J]. TRR，1993 (1388)：150-159.

[188] Srivastava A, Hopman P C, Molenaar S A A. SBS polymer modified asphalt binder and its implications on overlay design. ASTM Special Technical Publication, USA, ASTM, 1991 (1108): 309-329.

[189] Moussa G K. Effect of addition of short fibers of ploy-acrylic and polyamide to asphalt mixtures[J]. AEJ-Alexandria Engineering Journal, 2003, 42 (3): 329-336.

[190] Kirschner R. Asphalt-reinforcing polyester grids in airfields[J]. Airport Forum, 1990, 20 (5): 8-10.

[191] 王建伟. 路面半刚性基层横向裂缝的研究[J]. 平顶山工学院学报，2003，12(1)：70-72.

[192] 黄煜镔. 水泥稳定碎石基层沥青路面裂缝防治研究[D]. 上海：同济大学，2004.

[193] 罗炼，曾波，齐文喆. 高等级公路半刚性基层几个问题的讨论[J]. 中外公路，2003，23(5)：49-52.

[194] Moussa G K M. The optimum location of geo-textile reinforcement in asphalt layers[J]. AEJ-Alexandria Engineering Journal, 2003, 42(1): 103-110.

[195] Dempsey B J. Development and performance of interlayer stress-absorbing composite in asphalt concrete overlays[J]. TRR, 2002 (1809): 175-183.

[196] Cleveland G S, Lytton R L, Button J W. Using strain damage theory to characterize reinforcing benefits of geo-synthetic materials in asphalt concrete overlays[J]. TRR, 2003 (1849): 202-211.

[197] 常魁和，高群. 公路沥青路面养护新技术[M]. 北京：人民交通出版社，2001.

[198] 孙秋玉. 半刚性基层沥青混凝土路面裂缝的防治与维修[J]. 辽宁省交通高等专科学校学报，1999，1(2)：21-24.

[199] 沙庆林. 高等级道路半刚性路面[M]. 北京：中国建筑出版社，1993.

[200] 宗荣. 聚丙烯纤维混凝土使用性能研究[D]. 西安：长安大学，2004.

[201] JTJ 034—2000 公路路面基层施工技术规范[S].

[202] JTJ 014—1997 公路沥青路面设计规范[S].

[203] GB 175—1999 硅酸盐水泥、普通硅酸盐水泥[S].

[204] JTGE 30—2005 公路工程水泥及水泥混凝土试验规程[S].

[205] GB/T 14684—2001 建筑用砂[S].

[206] JTGB 058—2005 公路工程集料试验规程[S].

[207] GB/T 14685—2001 建筑用卵石、碎石[S].

[208] JTJ 057—94 公路工程无机结合料稳定材料试验规程[S].

[209] 胡力群. 半刚性基层材料结构类型与组成设计研究[D]. 西安：长安大学，2004.

[210] 张世洲，凌建明，罗志刚. 国外未处治粒料与路基土回弹模量试验研究——基本原理与试验方法[J]. 公路，2006(11)：10-15.

[211] 胡力群，沙爱民. 商开高速公路水泥稳定碎石基层抗裂性研究[J]. 中外公路，2005，25(2)：25-27.

[212] 郑健龙. 高等级公路路面结构设计的现状与发展[R]. 2005.

[213] 杨红辉，唐娴，郝培文，等. 半刚性基层材料抗裂性评价方法[J]. 长安大学学报：自然科学版，2002， 22(4)：13-15.

[214] 武和平. 高等级公路路面结构设计方法[M]. 北京：人民交通出版社，1999.
[215] 马智英. 钢纤维混凝土早期力学性能发展规律试验研究[D]. 北京：北京工业大学，2003.
[216] 吕宏基，杨德福，关英俊，等. 大体积混凝土[M]. 北京：水利电力出版社，1990.
[217] 刘卫东，王依民. 异型聚丙烯纤维混凝土的韧性试验研究[J]. 建筑结构，2005，35(4)：64-65.
[218] 王成启，吴科如. 不同弹性模量的纤维对高强混凝土力学性能的影响[J]. 混凝土与水泥制品，2002(3)：36-37.
[219] 姚武，马一平，谈慕华，等. 聚丙烯纤维水泥基复合材料物理力学性能研究(Ⅱ)——力学性能[J]. 建筑材料学报，2000，3(3)：235-239.
[220] Puertas F, Amat T, Ferna A, et al. Mechanical and durable behaviour of alkaline cement mortars reinforced with polypropylene fibres[J]. Cement and Concrete Research，2003 (33)：2031-2036.
[221] Song P S，Hwang S，Shou B C. Strength properties of nylon and polypropylent fiber reinforced concretes[J]. Cement and Concrete Research，2005 (35)：1546-1550.
[222] 王瑞兴，钱春香，丁庆领. 聚丙烯纤维对混凝土性能的改善研究[J]. 混凝土与水泥制品，2004(1)：41-43.
[223] 邓宗才，李建辉，傅智，等. 聚丙烯纤维混凝土直接拉伸性能的试验研究[J]. 公路交通科技，2005，22(7)：45-48.
[224] 耿飞，钱春香，王瑞兴.南京地铁用模筑聚丙烯纤维混凝土力学性能试验研究[J].混凝土与水泥制品，2003(2)：37-39.
[225] 朱江. 聚丙烯纤维在高性能混凝土中的应用研究[J]. 工业建筑，2001，31(1)：35-38.
[226] 孙道胜，邓敏，唐明述，等. 聚丙烯纤维增强膨胀混凝土阻裂抗渗性能研究[J]. 工业建筑，2004，34 (3)：31-34.
[227] 王平，肖建庄，陈瑞生，等. 聚丙烯纤维对高性能混凝土高温后力学性能的影响试验研究[J]. 工业建筑，2005，35(11)：49-52.
[228] 庞京春，刘希海. 水泥稳定碎石道路基层的试验研究[J]. 中国市政工程，2000(2)：8-10.
[229] 陈卫国，陈少幸，张肖宁. 正交法在水泥稳定碎石基层配合比设计中的应用[J]. 广东公路交通，2004(增刊)：15-16.
[230] 庄少勤，刘朴，孙振平. 水泥稳定碎石变形性能及其影响因素[J]. 建筑材料学报，2003，6(4)：356-363.
[231] 潘兆平，黄晓明. 水泥稳定碎石路面基层材料水泥剂量范围试验[J]. 南京建筑工程学院学报，1998 (4)：21-26
[232] 郑学钧，张登良. 路基路面工程[M]. 北京：人民交通出版社，2001.
[233] 黄国兴，惠荣炎. 混凝土的收缩[M]. 北京：中国铁道出版社，1990.
[234] 悉尼 ·明德斯，J.弗朗西斯.杨. 混凝土[M]. 方秋清，等译. 北京：中国建筑工业出版社，1989.
[235] 杨文丁. 半刚性基层材料收缩性能研究[D]. 西安：长安大学，2004.
[236] 严继民. 吸附与凝聚——固体的表面与孔[M]. 北京：科学出版社，1986.
[237] Nemkumar B，Rishi G. Influence of polypropylene fiber geometry on plastic shrinkage cracking in concrete[J]. Cement and Concrete Research，2006，36 (7)：1263-1267.
[238] Bayasi Z，Mcintyre M. Application of fibrillated polypropylene fibers for restraint of plastic

shrinkage cracking in silica fume concrete[J]. ACI Materials Journal，2002，99 (4)：337-344.

[239] Martinez-barrera G，Vigueras-santiago E，Hernandez-lopez S，et al. Mechanical improvement of concrete by irradiated polypropylene fibers[J]. Polymer Engineering and Science， 2005， 45 (10)：1426-1431.

[240] 邓宗才. 高强混凝土的断裂韧度[J]. 混凝土，1995(2)：3-6.

[241] 吴智敏，黄承逵，徐世烺.大尺寸混凝土试件的断裂韧度[J]. 水利学报，1997，7(6)：67-70.

[242] 黄达海，宋玉普. 混凝土起裂韧度与断裂韧度的关系[J]. 水力发电学报，2000(1)：92-100.

[243] Carpinteri A， Cornetti P， Barpi F， et al. Cohesive crack model description of ductile to brittle size-scale transition dimensional analysis vs. renorm alization group theory[J]. Engineering Fracture Mechanics， 2003 (70)：1809-1839.

[244] Wu Z M， Wang J L， Xu S L. The effect fracture toughness of concrete based on fictitious crack model[J]. Engineering Mechanics，2000，17 (1)：99-104.

[245] 栾曙光，David D. 混凝土断裂能 G_F 随龄期、强度的变化规律[J]. 水利学报，1999(10)：29-32.

[246] 徐世烺，赵艳华，吴智敏，等. 楔入劈拉法研究混凝土断裂能[J]. 水力发电学报，2003(4)：15-22.

[247] 郭向勇，方坤河，冷发光.混凝土断裂能的理论分析[J]. 哈尔滨工业大学学报，2005，37(9)：1219-1222.

[248] Hovarth R，Persson T. The influence of the size of the specimen on the fracture energy of concrete. Report TU BM-5005， Division of Building Materials，Lund Institute of Technology，Lund，Sweden，1984.

[249] Ciacco C，Rocco C，Zerbino R. The fracture energy of high strength concretes[J]. Mater. Struct. ，1993 (26)：381-386.

[250] 丁遂栋. 断裂力学[M]. 北京：机械工业出版社，1997.

[251] 曹继锋. 聚丙烯长纤维混凝土性能研究[D]. 大连：大连理工大学，2005.

[252] 王慧. 混凝土及纤维混凝土的断裂分析[J]. 合肥工业大学学报：自然科学版，1996，19(4)：64-68.

[253] 单凤枝. 聚丙烯纤维混凝土的力学性能及其在桥面铺装中的应用研究[D]. 成都：西南交通大学，2005.

[254] 宗荣. 聚丙烯纤维混凝土抗裂性能研究[J]. 山西建筑，2006，32(24)：158-159.

[255] Guo H D， Qian C X， Piet S. Fracture properties of cement composites reinforced with steel-polypropylene hybrid fibres[J]. Journal of Southeast University，1999，15 (2)：55-62.

[256] 尚敏. 聚丙烯纤维增强的水泥砂浆断裂韧性的研究[J]. 合成纤维，2005(6)：39-42.

[257] 刘丽芳，王培铭，杨晓杰. 纤维参数对水泥砂浆断裂韧性的影响[J]. 混凝土与水泥制品，2006(1)：40-43.

[258] 唐春安，朱万成. 混凝土损伤与断裂——数值计算[M]. 北京：科学出版社，2002.

[259] 王占桥. 纤维高强混凝土断裂性能的试验研究[D]. 郑州：郑州大学，2004.

[260] 吴智敏，赵国藩. 混凝土断裂韧度的尺寸效应研究[J]. 工业建筑，1995，25(4)：20-23.

[261] 吴智敏，徐世烺，王金来. 三点弯曲梁法研究混凝土双 K 断裂参数及其尺寸效应[J]. 水力发电

学报，2000(4)：16-24.

[262] 吴智敏，徐世烺，刘佳毅. 光弹贴片法研究混凝土裂缝扩展过程及双 K 断裂参数的尺寸效应[J]. 水利学报，2001(4)：34-39.

[263] RILEM， TC50-FMC， Fracture mechanics of concrete， in： Determination of fracture energy of mortar and concrete by means of three point bend test on notched beams[J]. Draft RILEM Recommendation， Materials and Structures， 1985 (18)：238-296.

[264] 尹双增.断裂、损伤理论及应用[M]. 北京：清华大学出版社，1992.

[265] 李光伟，杨元慧. 聚丙烯纤维混凝土性能的试验研究[J]. 水利水电科技进展，2001，21(5)：14-17.

[266] 王新民.合成纤维在混凝土中的效果和机理[J].市政技术，2003，21(1)：38-41.

[267] Parviz S， Hafez E， Atef T，et al. Mixef-mode fracture properties of concrete reinforced with low volume fractions of steel and polypropylene fibers[J]. Cement and Concrete Composites，1998 (20)：67-78.

[268] Hillerborg A. The theoretical basis of a method to determine the fracture energy G_F of concrete[J]. Material and Structure， 1996， 18 (6)：291-298.

[269] 项弼. 水泥稳定碎石配合比设计方法及抗裂性能研究[J]. 工程建设与设计，2005(9)：83-85.

[270] 李文光. 水泥稳定集料收缩抗裂性能研究[J]. 交通科技与经济，2006(3)：7-9.

[271] 郑南翔，李炜光. 二灰碎石抗裂性能研究[J]. 重庆交通学院学报，2005，24(1)：57-60.

[272] 沙爱民，张登良. 西三公路半刚性基层材料抗裂性试验研究[J]. 西安公路交通大学学报，1998，18 (1)：1-5.

[273] 杨小芳. 半刚性基层混合料收缩性能研究[D]. 南京：东南大学，2003.

[274] 林绣贤. 半刚性基层沥青路面[M]. 北京：人民交通出版社，1991.

[275] 陈晔，张起森. 纤维加固土路面基层的研究与应用[M]. 北京：人民交通出版社，1995.

[276] 王磊. 水泥稳定碎石抗裂性评价方法研究[J]. 中国西部科技，2005(8)：26-28.

[277] Chen Y K，Tan X R. Grey relational analysis on serum markers of liver fibrosis[J]. The Journal of Grey System，1995，7(1)：63-68.

[278] Liu S F. On measure of grey information[J]. The Journal of Grey System，1995，7(2)：70-101.

[279] 邓聚龙. 灰色系统基本方法[M]. 武汉：华中理工大学出版社，1987.

[280] Romualdi J P， Batson G B. Mechanics of crack arrest in concrete[J]. Proc.ASCE，1963，89 (6)：147-169.

[281] Romualdi J P. The structure of concrete. Proc. Int. Conf. London，1968：190-250.

[282] 沈荣熹，崔琪，李清海. 新型纤维增强水泥基复合材料[M]. 北京：中国建材工业出版社，2004.

[283] Krenchel H. Fiber reinforcement. Akadimisk Forlag，Copehagen，1964.